FÜR VINCENT & QUIRIN

FLORIAN LECHNER

Das Hüftgold-Backbuch

Neue kreative Rezepte & verführerische Klassiker

Inhalt

Vorwort

DAS SPANNENDSTE IN MEINER KINDHEIT WAR NICHT DAS TRAKTORFAHREN MIT OPA,
AUCH NICHT DAS REITEN ODER DAS MELKEN AUF DEM BAUERNHOF –
ES WAR DAS BACKEN MIT OMA UND MAMA.

Das Abspülen und Abtrocknen wurde flink erledigt, wenn ich dafür die Teigreste aus der Kuchenschüssel ausschlecken durfte. Das Osternest und der »Nikolaus« brachten noch Selbstgebackenes. Bei uns gab es fast täglich Süßes: arme Ritter, Rhabarberkuchen, Kaiserschmarrn, Reisauflauf und Marmorkuchen ... Wir Kinder liebten es.

Auch heute noch genieße ich die Momente der Kindheit bei einem guten »Doppio« (doppelter Espresso). Oft reicht ein Stück Marmorkuchen für die schönsten Glücksmomente des Tages.

Backen ist Leidenschaft!

Als ich vor fast 13 Jahren den Moarwirt übernahm, kauften wir anfangs den Kuchen zu, was aber anhand der Qualität, die wir bekamen, recht schnell dazu führte, dass ich lieber selbst backte – und das ist auch jetzt noch so. Bis heute gab es genau zwei Hochzeitstorten in zwölf Jahren vom Konditor (bei sicher 25 Hochzeiten im Jahr), die wirklich schmeckten. Oft kamen 60 Prozent der Torte vom Buffet zurück, die wir dann entsorgten. Warum? Sie sehen oft aus wie kleine Kunstwerke, schmecken aber einfach nicht. Fast immer sind es fertige Backmischungen, Fertigcremes und Dosen- oder Tiefkühlobst. Und keine Liebe zum Produkt. Das vermisse ich in vielen Konditoreien und Cafés.

Backen ist etwas Wunderbares, und wenn man gute Zutaten und ein bisschen Leidenschaft hineinsteckt, überzeugt das Ergebnis immer! Es gibt kein Rezept, das ich öfter herausgebe als den Schmand-kuchen. Überhaupt werde ich immer öfter nach Dessert- und Kuchenrezepten gefragt, weshalb ich mich entschlossen habe, dieses Buch zu schreiben.

Nachbacken erwünscht

Zurück zum Schmandkuchen: Es braucht nicht viel für einen leckeren Kuchen. 1 kg Schmand, 80 g Zucker, 2 Eier und Creme- bzw. Puddingpulver. Dazu ein vorgebackener Mürbeteig und nach 1 Stunde bei 100 °C ist der Kuchen fertig!

Ich backe täglich sicher sechs bis acht Kuchen für mein Café auf dem Viktualienmarkt und den Moarwirt. Ich experimentiere täglich mit größtem Vergnügen und Hingabe und versuche, den Kuchen durch meine Erfahrung und Wissen aus der Pâtisserie ein neues, zeitgemäßes Gesicht zu verpassen.

Alle Kuchen in diesem Buch sind echte, ehrliche Kuchen; nicht geschönt und fünfmal gebacken – es ist auch kein Kuchendesigner am Werk gewesen. Sie werden beim Nachbacken zu Hause sicher auch so aussehen!

Ich hoffe, dass ich Sie »a bisserl« mit Begeisterung und Liebe zum Backen anstecken kann, und wünsche Ihnen viel Spaß beim Nachbacken (und Naschen).

Herzlichst

Grundwissen des Backens

Beim Backen ist es sehr wichtig, ein paar grundlegende Regeln
zu beachten. Am wichtigsten ist, dass Sie sich immer
genau an das Rezept und die angegebenen Grammzahlen halten –
auch ich tue das immer. Sonst wird der Teig einfach nichts!

Wissenswertes

DAMIT IHNEN DIE KUCHEN
IN DIESEM BUCH WIRKLICH GELINGEN, SIND EIN PAAR TIPPS
UND »GRUNDREGELN« GANZ HILFREICH.

Die Grundregel Nummer 1 ist ganz einfach: Halten Sie sich beim Backen genau an die Rezepte und die angegebenen Grammzahlen, das tue ich auch – sonst wird der Teig nichts. Und das wäre schade um den guten Kuchen.

Zu den Rezepten

Damit die Rezepte aus diesem Buch gelingen, hier ein paar Hinweise zu den Zutaten:
Wir verwenden immer **Eier** Größe M, das sind etwa 50 g pro Ei, ein Eiweiß hat 30 g, ein Eigelb 20 g.

Bei Rezepten, bei denen die Eimenge besonders wichtig ist, haben wir die Grammzahlen mit angegeben.

Auch die richtige **Mehlsorte** ist beim Backen wichtig, daher ist in den Rezepten angegeben, welches Mehl wir verwenden. Sollte keine weitere Angabe zu finden sein, haben wir normales Weizenmehl (Type 550) verwendet. Wiener Griessler ist ein doppelgriffiges Mehl, das eine gröbere Körnung als normales Mehl und ausgezeichnete Backeigenschaften hat. Es klumpt nicht so leicht und Teige werden damit sehr elastisch.

Damit das Backen gut gelingt, sind – neben den getesteten Rezepten – gute Zutaten wichtig.

Backtemperatur und Zeitangaben: Alle angegebenen Ofentemperaturen beziehen sich auf Ober- und Unterhitze. Bei Umluft muss die Temperatur etwa 20 °C niedriger sein, die Backzeit bleibt unverändert. Die Temperatur- und Zeitangaben sind mehrfach erprobt, sie können jedoch von Gerät zu Gerät schwanken.

Alles, was über dem **Wasserbad** zubereitet wird, schlage ich auf der Induktionsplatte bei 80 °C auf, so kann mir keine Masse anbrennen (Induktionsplatte kostet nur etwa 100 €). Oder ich koche mir einen Topf mit Wasser auf und nehme ihn dann vom Herd. Jetzt erst beginne ich, die Masse oder den Teig zu schlagen oder zu rühren.

Bevor es losgeht

Auch die Vorbereitung spielt eine wichtige Rolle für das Gelingen: Als Erstes (bzw. rechtzeitig) den Ofen vorheizen, dann alle Zutaten bereitlegen und erst dann loslegen mit dem eigentlichen Backen. Wichtig ist, dass alle Zutaten (vor allem die aus dem Kühlschrank) die gleiche Temperatur haben – einzige Ausnahme: wenn es im Rezept anders angegeben ist (z. B. eiskalte Butter).

Schnell backen geht nicht. Nehmen Sie sich bitte die nötige Zeit zum Backen! Vor allem Geh-, Ruhe- und Kühlzeiten sollten unbedingt eingehalten werden. Hefe braucht Zeit und bestimmte Bedingungen zum Gehen; ein Mürbeteig, der nicht gekühlt ist und keine Ruhezeit hat, wird nicht richtig mürbe und knusprig. Sonst empfehle ich, lieber bei einem guten Bäcker einkaufen.

Gelungener Rührteig

Geben Sie dem Rührteig Zeit und schlagen Sie ein Ei nach dem anderen unter die Buttermasse. Je länger Sie den Teig schlagen, umso lockerer wird der Kuchen. Die Zeit und Kraft sind gut investiert.

Mit ein wenig qualitativer Küchenausrüstung macht das Backen noch mehr Spaß.

Zum Verfeinern können Sie noch einen Löffel Crème double oder eine Handvoll gemahlene Mandeln in den Teig geben. Für eine Garprobe stechen Sie nach der angegebenen Backzeit mit einem Holzstäbchen in die Kuchenmitte. Wenn kein Teig mehr daran kleben bleibt, ist der Kuchen fertig.

Knuspriger Mürbeteig

Mürbeteig vor dem Verarbeiten immer kühl stellen. Zwischen zwei Bahnen Frischhaltefolie ausrollen (so lässt er sich auch leichter in die Form transportieren) und vor dem Backen mit einer Gabel einstechen. Den Mürbeteig vorm Backen unbedingt noch mal kühl stellen, dann wird er schön knusprig. Unser Mürbeteig wird nicht blind gebacken. Übrig gebliebener Mürbeteig kann auch eingefroren werden. Wenn Sie es gerne nussig mögen, einfach den Mürbeteig mit einer Gabel einstechen, mit geriebenen Haselnüssen bestreuen, andrücken und wie im jeweiligen Rezept beschrieben weiterverarbeiten.

Wollen Sie eine feuchte Masse auf einen vorgebackenen Mürbeteig geben, pinseln Sie ihn zuvor mit Eigelb ein und backen ihn noch mal für 5 Minuten bei 160 °C. Dann weicht der Boden nicht so leicht durch.

Aus dem Mürbeteigrezept backe ich auch gerne Plätzchen. Dazu rolle ich den Teig dünn aus und steche kleine Kreise aus. Nach dem Backen klebe ich je zwei Hälften mit Marillenmarmelade zusammen und tauche sie in Schokolade ….

Perfekt gegangener Hefeteig

Verwenden Sie beim Zubereiten des Hefeteigs nur lauwarme Flüssigkeiten. Sind Milch & Co. zu heiß, geht die Hefe kaputt und Sie können noch einmal von vorne beginnen. Sie können den Hefeteig auch über Nacht ganz entspannt im Kühlschrank gehen lassen. »Mogeln« Sie jedem Hefeteig ein wenig Mürbeteig unter, dann schmeckt er voller und runder.

Als schöne Variante kann man einen Kuchen auch mal in einer besonderen Form backen – das Auge isst mit.

Mit Schokolade und vielen Früchten verziere ich gerne meine Kuchen und Torten.

Stellen Sie zum Backen des Hefeteigs immer eine kleine Schüssel voll Wasser mit in den Ofen.

Die richtigen Zutaten

Nehmen Sie beim **Quark** immer den mit 40 % Fett i. Tr. – der Kuchen schmeckt einfach voller. Lassen Sie den Quark immer abtropfen. Wichtig ist, den Käse- bzw. Schmandkuchen nie bei einer höheren Temperatur als 130 °C zu backen.

Zum Backen nehme ich am liebsten **Zartbitterkuvertüre** mit 70 % Kakaoanteil – diese immer langsam erhitzen und nie zu hoch, sonst »verbrennt« sie. Je besser die Schokolade, umso besser der Kuchen. Bitte keine Blockschokolade verwenden.

Lassen Sie den **Waldmeister** immer erst »schlapp werden«, bevor sie ihn weiterverwenden, er schmeckt dann viel intensiver.

Ich verwende gerne statt Vanille auch **Tonkabohne**, der Geschmack erinnert an Vanille bzw. Waldmeister und frisches Heu. Aber Achtung: In größeren Dosierungen (ab 2 mg pro Kilogramm zubereiteter Speise) ist Cumarin giftig, verwenden Sie daher immer nur kleine Mengen.

Anstelle von Butterkeksen oder Plätzchen können Sie auch grob gemahlenes **Müsli** in den Butterteig, der nicht gebacken wird, geben (siehe Rezept Seite 105, Knuspermüsli-Torte).

Alle **Nüsse** – auch die gemahlenen – vor dem Verwenden in einer trockenen Pfanne anrösten. Rösten Sie den **Buchweizen/das Buchweizenmehl** auch vorher an, dann schmeckt er richtig schön nussig.

Backen mit Obst

Das Wichtigste zuerst: Backen Sie gemäß der Saison – es gibt keine November-Erdbeeren, die schmecken. Verwenden Sie bitte nur vollreifes Obst zum Backen. Geduld lohnt sich, wenn es um Genuss geht: Warten Sie lieber auf den roten Rhabarber, er schmeckt etwas süßer und fruchtiger. Kochen Sie

sich im Herbst Zwetschgen- und Marillenmus ein – perfekte Basis für Obstkuchen im Winter.

Greifen Sie zu regionalen und saisonalen Spezialitäten: Gönnen Sie sich mal die richtigen Marillen aus der Wachau. Besser geht's nicht. Dank Andi und Martina Gattinger haben wir die besten Marillen Österreichs. Statt Dosenbirnen nehme ich am liebsten Südtiroler Williamsbirnen, die ich mir für die Kuchenrezepte 5 Minuten in Birnensaft (natürlich geschält) mit Vanille, Zimt und schwarzem Pfeffer abkoche.

Und zu guter Letzt: Der meiste Geschmack liegt bei den Zitrusfrüchten in der Schale, nicht im Saft. Verzichten Sie daher nicht auf den Zitronenabrieb. Trotzdem ist der Zitronensaft das »Maggi« der feinen Küche.

Noch mehr wertvolle Tipps

Stellen Sie auch die Streusel vor dem Backen kalt. Dann werden sie auf dem Kuchen richtig schön knusprig.

Um Läuterzucker herzustellen, geben Sie Wasser mit Zucker in einen Topf und lassen beides zusammen kurz aufkochen. Um dem Läuterzucker etwas Aroma zu verleihen, fügen Sie zum Beispiel etwas Vanille, Zimt, Waldmeister oder Lavendel hinzu.

Sollte mal Creme- oder Panna-cotta-Masse übrig sein, einfach als Portionen in kleine Gläser füllen, kalt stellen und als Dessert genießen. Auch Kuchenreste können Sie zum Dessert verarbeiten: Limoncellokuchen zu Limoncello-Tiramisu oder die Lieblingszwetschge zu Bayrisch Creme von der Zwetschge.

Wenn Sie es ganz edel wollen, füllen Sie Himbeeren (z. B. für die Himbeer-Eisenkraut-Tarte) vorher mit weißer Trüffelganache: Dazu einfach 60 g Sahne, 10 g Glukosesirup, 400 g weiße Schokolade und 10 cl Himbeergeist glatt rühren und vorsichtig in die Himbeeren füllen. Trocknen lassen und dann weiterverarbeiten oder den Kuchen damit dekorieren.

Schokolade als Dekor macht das Hüftgold perfekt.

Grundrezepte

Rührteig

Zutaten

200 g weiche Butter
80 g Puderzucker
½ TL Vanillezucker
Abrieb von ½ Bio-Zitrone und
½ Bio-Orange
5 Eigelb
4 Eiweiß
1 TL Rum
1 Prise Salz
220 g Mehl
80 g Kristallzucker

Kastenform, gefettet und bemehlt

1 Die Butter mit dem Puderzucker, dem Vanillezucker und dem Zitrusfruchtabrieb in einer Schüssel schaumig rühren. Die Eigelbe nach und nach unter die Buttermasse rühren. Je länger Sie sich Zeit lassen, umso besser wird der Kuchen. Den Rum und das Salz hinzufügen und die Masse hellschaumig aufschlagen. Das Mehl nach und nach unterrühren. Das Eiweiß mit einem Drittel des Zuckers cremig schlagen, nach und nach den restlichen Zucker einrieseln lassen und zu einem festen Schnee weiterschlagen.

2 Den Ofen auf 160 °C vorheizen. Das erste Drittel des Eischnees zügig unterrühren und den Rest vorsichtig unterheben. In die Kastenform füllen und auf mittlerer Schiene etwa 1 Stunden backen.

Mein Tipp: Den Rührteig verwende ich für Zwetschgenkuchen (siehe Seite 31 und 118). Ich gebe ganz gern noch einen großen Löffel Crème double und eine Handvoll gemahlene Mandeln dazu.

Marzipan-Rührteig

Zutaten

100 g Marzipan
210 g weiche Butter
80 g Puderzucker
5 Eier
110 g Zucker
100 g Crème fraîche
210 g Mehl
1 TL Backpulver
40 g Vanille- oder
Schoko-Puddingpulver

Kastenform, gefettet und bemehlt

1 Den Ofen auf 160 °C vorheizen. Das Marzipan für etwa 30 Sekunden in der Mikrowelle oder im 80 °C warmen Ofen kurz erwärmen. Butter, Marzipan, Puderzucker in einer großen Schüssel cremig aufschlagen.

2 Die Eier trennen und das Eiweiß mit dem Zucker steifschlagen und beiseitestellen. Wenn die Butter cremig aufgeschlagen ist, das Eigelb nach und nach unterheben. Anschließend die Crème fraîche unterrühren. Mehl, Backpulver und Puddingpulver miteinander vermischen und unter die Eimasse heben. Zum Schluss das steif geschlagene Eiweiß unterheben.

3 Den Teig in eine Kastenform füllen und auf mittlerer Schiene etwa 1 Stunde backen.

Mein Tipp: Dieser Rührteig eignet sich wunderbar als Grundlage für Rhabarberkuchen (siehe Seite 123).

Joghurt-Rührteig

Zutaten

150 g weiche Butter
190 g Puderzucker
3 Eigelb
190 g Wiener Griessler
½ TL Backpulver
37 g Speisestärke
120 g Joghurt

Kastenform, gefettet und bemehlt

1 Die Butter mit dem Puderzucker in einer Schüssel schaumig rühren. Das Eigelb nach und nach unter die Buttermasse rühren. Wiener Griessler, Backpulver und Speisestärke miteinander mischen und nach und nach zur Butter geben, vorsichtig unterschlagen. Zum Schluss den Joghurt vorsichtig unter die Masse heben.

2 Den Ofen auf 160 °C vorheizen. Den Teig in die gefettete Kastenform füllen und auf mittlerer Schiene etwa 1 Stunde backen.

Mein Tipp: Sollte kein Joghurt im Haus sein, können Sie das Rezept auch mit Quark machen.

Das Geheimnis des guten Rührteigs: Je mehr Zeit Sie sich beim Unterrühren der Eier lassen, umso lockerer wird der Kuchen.

Mürbeteig

Zutaten

225 g eiskalte Butter
360 g Mehl (Type 405)
120 g Puderzucker
20 g Speisestärke
1 ½ Pck. Vanillezucker
1–2 Eigelb
Abrieb von 1 Bio-Zitrone
1 Prise Salz

Butter für die Form
2–3 EL brauner Zucker für die Form

Springform, Ø 28 cm

1 Die Butter in kleine Würfel schneiden. Butter mit Mehl, Puderzucker, Stärke, Vanillezucker, Eigelb, Zitronenabrieb und Salz verkneten, bis keine Butterstücke mehr zu sehen sind. Den Teig in Frischhaltefolie einwickeln und etwa 30 Minuten kalt stellen.

2 Den Mürbeteig nach der Kühlzeit zwischen Frischhaltefolie dünn ausrollen. Die Springform mit Butter einfetten und mit dem braunen Zucker leicht bestreuen. Den ausgerollten Teig in die Form legen, leicht andrücken und nochmals kalt stellen.

3 Den Ofen auf 170 °C vorheizen. Den Mürbeteig etwa 15 Minuten backen.

Mein Tipp: Die Butter klein schneiden und, solange sie eiskalt ist, mit dem Eigelb verarbeiten. Damit der Teig schön knusprig wird, vor dem Backen noch mal im Kühlschrank kalt stellen.

Für einen guten Mürbeteig muss die Butter eiskalt sein. Den Boden vor dem Backen mit der Gabel einstechen.

Mandelmürbeteig

Zutaten

100 g Butter
170 g Mehl
1 Prise Salz
60 g Puderzucker
20 g Mandelgrieß
etwas Zitronenschale
1 Ei

Butter für die Form
2–3 EL brauner Zucker für die Form

Springform, Ø 28 cm

1 Die Butter in kleine Würfel schneiden und mit Mehl, Salz, Puderzucker, Mandelgrieß, Zitronenschale und Ei verkneten, bis keine Butterstückchen mehr zu sehen sind. Den Teig in Frischhaltefolie wickeln und für 30 Minuten im Kühlschrank ruhen lassen.

2 Den Mürbeteig zwischen zwei frischen Bahnen Frischhaltefolie dünn ausrollen. Eine Springform mit etwas Butter einfetten und mit etwas braunen Zucker leicht bestreuen. Den ausgerollten Teig in die Form legen und leicht andrücken. Die Kuchenform für 10 Minuten kalt stellen.

3 Den Backofen auf 170 °C vorheizen. Den Boden im Backofen etwa 20 Minuten backen.

Mein Tipp: Anstelle der Mandeln können Sie jegliche Art von Nüssen verwenden: Haselnüsse, Walnüsse, Macadamia …

Schokoladenmürbeteig

Zutaten

125 g kalte Butter
200 g Mehl
1 Prise Salz
25 g gemahlene Haselnüsse
10 g Kakaopulver
75 g Puderzucker
1 Ei
½ TL Vanillezucker

Butter für die Form
etwas braunen Zucker für die Form

Springform, Ø 28 cm

1 Die Butter in kleine Würfel schneiden und mit Mehl, Salz, Haselnüssen, Kakaopulver, Puderzucker und Ei verkneten, bis keine Butterstückchen mehr zu sehen sind. Den Teig in Frischhaltefolie einwickeln und für 30 Minuten im Kühlschrank ruhen lassen.

2 Den Mürbeteig zwischen zwei frischen Bahnen Frischhaltefolie dünn ausrollen. Eine Springform mit etwas Butter ausbuttern und mit etwas braunen Zucker leicht bestreuen. Den ausgerollten Teig in die Form legen und leicht andrücken. Die Kuchenform für 10 Minuten kalt stellen.

3 Den Backofen auf 170 °C vorheizen. Den Boden im Backofen etwa 20 Minuten backen.

Mein Tipp: Lassen Sie ruhig die Mürbeteigböden im ausgeschalteten Ofen abkühlen.

Schokoladenbiskuit

Zutaten

50 g Schokolade
(70 % Kakaoanteil)
50 g Butter
6 Eier
120 g Zucker
1 Prise Salz
30 g Mehl
2 EL Kakaopulver
75 g Biskuitbrösel

1 Die Schokolade und die Butter in einer Schüssel auf dem Wasserbad schmelzen. Die Eier trennen. Das Eiweiß mit 90 g Zucker und Salz steif schlagen. Das Eigelb und den restlichen Zucker etwa 7 Minuten aufschlagen.

2 Die Eigelbmasse mit der Schokoladenmasse verrühren. ⅓ des steifgeschlagenen Eiweißes unter die Eigelb-Schokoladen-Masse heben, dann den Rest unterheben. Mehl, Kakaopulver und Biskuitbrösel vermischen und vorsichtig unter die Eier-Schokoladen-Masse heben.

3 Den Ofen auf 180 °C vorheizen. Ein Backblech mit Backpapier auslegen und die Masse daraufstreichen. Den Schokoladenbiskuit etwa 40 Minuten backen.

Tipp Biskuitbrösel: Sie können entweder Löffelbiskuit zerbröseln oder einen Biskuitboden backen, etwas trocknen lassen und ebenfalls zerbröseln.

Hefeteig I

Zutaten

500 ml Milch
1 Würfel frische Hefe (42 g)
4 TL Zucker
180 g Butter
1 kg Wiener Griessler
2 Eier
Salz
1 Msp. Zitronenschale
1 Msp. Orangenschale
1 Prise Zimt
Mark von ½ Vanilleschote

1 Zunächst wird ein Vorteig (Dampferl) bereitet. Für das Dampferl die Milch leicht erwärmen (28 °C). Die zerbröselte Hefe mit zwei Teelöffeln Zucker und der lauwarmen Milch vermischen. Das Dampferl 15 Minuten zugedeckt bei max. 35 °C gehen lassen.

2 Die Butter zerlassen. Mehl, restlichen Zucker, Butter, Eier, Salz, Zitronenschale, Orangenschale, Zimt und Vanillemark mit dem Dampferl mischen. Mit der Küchenmaschine zu einem geschmeidigen Teig verarbeiten. Den Hefeteig mit einem Tuch abdecken und 20 Minuten an einem warmen Ort nochmals gehen lassen.

Mein Tipp: Beim Erwärmen der Milch ist große Vorsicht geboten. Ist die Milch zu heiß, wird die Hefe zerstört, und Sie müssen nochmals neu beginnen.

Hefeteig II

Zutaten

200 ml Milch
1 Würfel frische Hefe (42 g)
50 g Zucker
1 kg Wiener Griessler
50 g Butter
2 Eier
Salz

1 Zunächst wird ein Vorteig (Dampferl) bereitet. Für das Dampferl die Milch leicht erwärmen (28 °C). Die zerbröselte Hefe mit zwei Teelöffeln Zucker und der lauwarmen Milch vermischen. Das Dampferl 15 Minuten zugedeckt bei max. 35 °C gehen lassen.

2 Mehl, restlichen Zucker, Butter, Eier und Salz mit dem Dampferl mischen. Mit der Küchenmaschine zu einem geschmeidigen Teig verarbeiten. Den Hefeteig mit einem Tuch abdecken und 60 Minuten an einem warmen Ort nochmals gehen lassen.

Hefeteig III

Zutaten

250 ml Milch
½ Würfel frische Hefe (21 g)
60 g Zucker
500 g Wiener Griessler
35 g weiche Butter
1 Ei
Salz
1 Msp. Zitronenschale
1 Msp. Orangenschale
1 Prise Zimt
Mark von ½ Vanilleschote
1 Schuss Rum
25 g Biskuitbrösel

1 Zunächst wird ein Vorteig (Dampferl) bereitet. Für das Dampferl die Milch vorsichtig erwärmen (28 °C). Die zerbröselte Hefe mit zwei Teelöffeln Zucker und der lauwarmen Milch vermischen. Das Dampferl 15 Minuten zugedeckt bei max. 35 °C gehen lassen.

2 Mehl, restlichen Zucker, Butter, Ei, Salz, Zitronen- und Orangenschale, Zimt und Vanillemark mit dem Dampferl mischen. Mit der Küchenmaschine zu einem geschmeidigen Teig verarbeiten. Den Hefeteig mit einem Tuch abdecken und 20 Minuten an einem warmen Ort nochmals gehen lassen.

Mein Tipp: Dies ist der Klassiker, wie ich ihn von meiner Mutter und Oma kenne.

Klassische Streusel

Zutaten

50 g Butter
100 g Mehl
40 g Zucker
1 Eigelb
1 Prise Salz
etwas Vanillemark

1 Die kalte Butter in kleine Würfel schneiden. Das Mehl in eine Schale sieben, die anderen Zutaten hinzugeben und zwischen die Handflächen krümelig verreiben. Die Streusel auf dem jeweiligen Kuchen verteilen und entsprechend dem Rezept backen.

Mein Tipp: Diese Streusel passen gut zu Apfel- oder Rhabarberkuchen.

Marzipanstreusel

Zutaten

40 g Butter
100 g Mehl
30 g Zucker
20 g Marzipan

1 Die Butter schmelzen und das Mehl in eine Schale sieben. Zucker und Marzipan hinzugeben und zwischen die Handflächen krümelig verreiben. Die Streusel kaltstellen.

Mandelstreusel

Zutaten

50 g kalte Butter
50 g Mehl
50 g Zucker
50 g gemahlene Mandeln
1 Prise Salz
etwas Vanillemark

1 Die kalte Butter in kleine Würfel schneiden. Das Mehl in eine Schale sieben, die anderen Zutaten hinzugeben und zwischen die Handflächen krümelig verreiben.

Mein Tipp: Das sind meine Lieblingsstreusel – am liebsten nehme ich sie für Marillenstreuselkuchen. Sie schmecken auch mit Salzbutter (anstelle der normalen Butter) super!

Aprikotur

Zutaten

6 Blatt Gelatine
50 g Zucker
Saft von 2 Zitronen
440 g Aprikosenmarmelade

1 Die Gelatine in kaltem Wasser einweichen. Zucker, Zitronensaft und 50 ml Wasser aufkochen. Die Aprikosenmarmelade zum Zuckersirup geben und glatt streichen. Die eingeweichte Gelatine gut ausdrücken und in der warmen Flüssigkeit auflösen. Das Ganze durch ein Spitzsieb streichen und entsprechend dem jeweiligen Rezept weiterverwenden.

Verschiedene Streusel oder eine Aprikotur veredeln den Kuchen.

Klassiker
mit neuen Variationen

Die Backklassiker sind fast jedem bekannt,
ich habe sie behutsam >>modernisiert<<. Es ist aber
immer noch der >>Kuchenklassiker<< erkennbar.

Käsekuchen

Unbedingt mit Sahnequark backen

1 Für den Mürbeteig die Butter in kleine Würfel schneiden. Butter mit den restlichen Zutaten verkneten, bis keine Butterstücke mehr zu sehen sind. Den Teig in Frischhaltefolie einwickeln und etwa 30 Minuten kalt stellen.

2 Den Teig zwischen Frischhaltefolie dünn ausrollen. Die Springform mit Butter einfetten und mit dem braunen Zucker leicht bestreuen. Den ausgerollten Teig in die Form legen, leicht andrücken und nochmals kalt stellen.

3 Den Ofen auf 160 °C vorheizen. Die Eier trennen und die Butter bei kleiner Hitze schmelzen. Quark, Eigelb und 100 g Zucker aufschlagen. Das Puddingpulver, die flüssige Butter sowie Abrieb und Saft der Zitrusfrüchte zum Quark-Eier-Mix geben.

4 Das Eiweiß mit dem restlichen Zucker steif schlagen und vorsichtig unter die Quarkmasse heben. Die Masse auf den ungebackenen Mürbeteig füllen und glatt streichen. Den Kuchen bei 160 °C 20 Minuten backen, die Hitze von 120 °C reduzieren und den Kuchen weitere 40 Minuten backen.

Zutaten

Für den Mürbeteig
225 g eiskalte Butter
360 g Mehl (Type 405)
120 g Puderzucker
20 g Speisestärke
1 ½ Pck. Vanillezucker
1–2 Eigelb
Abrieb von 1 Bio-Zitrone
1 Prise Salz

Butter für die Form
2–3 EL brauner Zucker für die Form

Für die Quarkmasse
6 Eier
300 g Butter
1,2 kg Quark (40 % Fett i. Tr.)
250 g Zucker
3 Pck. Vanille-Puddingpulver
Abrieb und Saft von je 1 Bio-Orange und 1 Bio-Zitrone

Springform, Ø 28 cm

Käse-Himbeer-Kuchen

Frisch und fruchtig

Zutaten

6 Eier
140 g Zucker
700 g Quark
Schale von 1 Bio-Orange
Schale von 1 Bio-Zitrone
Mark von 1 Vanilleschote
1 Prise Salz
350 g fertiger Blätterteig
(oder 1 Rezept Mürbeteig)
400 g Himbeeren

Springform, Ø 28 cm, gefettet

1 Den Ofen auf 180 °C vorheizen. Die Eier trennen. 70 g Zucker, Eigelb, Quark, Schale der Zitrusfrüchte und Vanillemark cremig aufschlagen. Das Eiweiß mit dem restlichen Zucker und dem Salz steif schlagen und vorsichtig unter die Quarkmasse heben.

2 Den Blätterteig (oder Mürbeteig) in die gefettete Springform legen. Die Himbeeren putzen, verlesen und auf den Teig legen. Die Quarkmasse auf die Himbeeren verteilen. Den Kuchen etwa 20 Minuten auf der mittleren Schiene backen, dann die Ofentemperatur auf 160 °C reduzieren und den Kuchen weitere 40 Minuten backen.

Mein Tipp: Sie dürfen den Kuchen gerne im Ofen auskühlen lassen. Ich backe diesen Kuchen am liebsten am Vortag und genieße ihn dann eiskalt, frisch aus dem Kühlschrank.

Marillenkuchen

schmeckt auch mit Zwetschgen

1 Für den Mürbeteig die Butter in kleine Würfel schneiden. Butter mit den restlichen Zutaten verkneten, bis keine Butterstücke mehr zu sehen sind. Den Teig in Frischhaltefolie einwickeln und etwa 30 Minuten kalt stellen.

2 Den Teig zwischen Frischhaltefolie dünn ausrollen. Die Springform mit Butter einfetten und mit dem braunen Zucker leicht bestreuen. Den ausgerollten Teig in die Form legen, leicht andrücken und nochmals kalt stellen. Den Ofen auf 170 °C vorheizen. Den Mürbeteig etwa 15 Minuten backen.

3 Für den Rührteig die Butter mit dem Puderzucker, dem Vanillezucker und dem Zitrusfruchtabrieb in einer Schüssel schaumig rühren. Die Eigelbe nach und nach unter die Buttermasse rühren. Den Rum und das Salz hinzufügen und die Masse hellschaumig aufschlagen. Das Mehl nach und nach unterrühren. Das Eiweiß mit dem Zucker steif schlagen und unter den Teig heben.

4 Den Backofen auf 160 °C vorheizen. Den Rührteig auf den vorgebackenen Mürbeteig streichen. Die Früchte waschen, halbieren und entsteinen. Die Früchte sehr dicht in den Rührteig stecken, sodass der Kuchen gut belegt ist. Mit dem braunen Zucker bestreuen. Den Kuchen etwa 45 Minuten auf mittlerer Schiene backen. Je nach Geschmack nach dem Auskühlen mit Aprikotur bestreichen.

Zutaten

Für den Mürbeteig
225 g eiskalte Butter
360 g Mehl (Type 405)
120 g Puderzucker
20 g Speisestärke
1 ½ Pck. Vanillezucker
1–2 Eigelb
Abrieb von 1 Bio-Zitrone
1 Prise Salz

etwas Butter für die Form
2–3 EL brauner Zucker für die Form

Für den Rührteig
200 g weiche Butter
80 g Puderzucker
½ TL Vanillezucker
Abrieb von ½ Bio-Zitrone und
½ Bio-Orange
5 Eigelb, 4 Eiweiß
1 TL Rum, 1 Prise Salz
220 g Mehl, 80 g Kristallzucker

Für den Belag
1,2 kg Marillen oder Zwetschgen
2–3 EL brauner Zucker
etwas Aprikotur nach Belieben

Springform, Ø 28 cm

Mein Tipp: Für mich ist dieses das »klassischste« Rührteig-Rezept schlechthin. Der Kuchen schmeckt auch mit Kirschen, Rhabarber oder Mirabellen.

Lieblingsrezept

Marmorkuchen

zum Reinlegen

Bei uns gab es immer wieder »Streitigkeiten«, ob der Kuchen mit Puderzucker bestäubt oder mit Schokolade glasiert wird. Machen Sie es doch wie wir: eine Hälfte mit Puderzucker, die andere mit Schokoladenglasur.

Zutaten

600 g Butter
130 g Puderzucker
6 cl Rum
Schale einer ½ Bio-Zitrone
Mark von ½ Vanilleschote
12 Eier
170 g Zucker
45 g Kakaopulver
700 g Mehl
100 g Schokolade
(70 % Kakaoanteil)

Gugelhupf- oder Napfform, gefettet

1 Die Butter mit dem Puderzucker cremig aufschlagen. Rum, Zitronenschale und Vanillemark dazugeben. Die Eier trennen und nach und nach die Eigelbe zur Butter geben, weiter aufschlagen.

2 Das Eiweiß mit dem Zucker steif schlagen. Den Teig halbieren. Die Hälfte des Mehls unter die erste Teighälfte rühren. Die Hälfte des Eiweißes unterheben.

3 Das Kakaopulver mit dem restlichen Mehl mischen. Die Schokolade auf dem Wasserbad schmelzen. Die geschmolzene Schokolade zur zweiten Teighälfte geben und das Mehl mit dem Kakaopulver portionsweise dazugeben. Zum Schluss vorsichtig das restliche steif geschlagene Eiweiß unterheben.

4 Den Ofen auf 160 °C vorheizen. Den hellen Teig in die gefettete Form füllen, den dunklen Teig daraufgeben. Mit einer Gabel spiralförmig locker durchziehen, um beide Teile zu vermischen. Den Kuchen etwa 45 Minuten backen.

Die hohe Kunst

Für mich ist der Marmorkuchen die große Kunst des Backens, und ich selbst habe noch nicht das richtig »perfekte« Rezept gefunden. Aber ich bin mir sicher, irgendwann habe ich es …

Mein Rezept ist eine etwas mächtige Variante und auch nicht zu trocken. Sollten Sie den Kuchen für Kinder backen, tauschen Sie den Kakao einfach durch Trinkschokoladenpulver aus, dann schmeckt er nicht ganz so herb.

Was ich auch ganz gerne mache, ist, den ausgekühlten Kuchen halbieren, dick mit Marmelade bestreichen und wieder zusammensetzen.

Moderne Variationen

Im Sommer serviere ich Marmorkuchen – gerade für unsere kleinen Gäste – sehr gerne als »Eis-Sandwich«. Dazu einfach zwei dünne Scheiben Marmorkuchen mit selbst gemachtem Fruchtaufstrich bestreichen, dann eine dünne Scheibe hausgemachtes Fürst-Pückler-Eis dazwischen legen und schon bekommen die Kinder einen Klassiker als witziges Eisdessert-Sandwich serviert.

Ich selbst mag den Marmorkuchen am liebsten in große Stücke geschnitten, mit doppeltem Espresso getränkt, dann hausgemachtes Vanilleeis dazu durch die Spätzlepresse gedrückt (Spaghetti-Eis!) und frische Erdbeersauce drüber – Hammer!

Sie dürfen auch gerne noch einen Löffel Crème double zum Teig geben, dann wird der Kuchen noch saftiger. Wenn Sie die Schokolade weglassen, wird der Kuchen ein bisschen leichter.

Nusskuchen

mit Puderzucker oder Schokoglasur

1 Den Ofen auf 175 °C vorheizen. Die Eier trennen. Die Eigelbe, die weiche Butter und den Puderzucker mit dem Handrührgerät aufschlagen, bis die Masse schön cremig ist.

2 Eiweiß mit dem Zucker steifschlagen und beiseitestellen. Die gemahlenen Haselnüsse in einer Pfanne ohne Öl anrösten. Den zerkrümelten Pumpernickel, die Haselnüsse und die Schokoladenflocken miteinander vermischen und unter die Buttermasse rühren. Das steif geschlagene Eiweiß vorsichtig unterheben.

3 Den Teig in eine Gugel- oder Napfform füllen und den Kuchen etwa 50 Minuten backen. Nach dem Ausdämpfen auf ein Kuchengitter stürzen. Die Schokoladen auf dem Wasserbad schmelzen und den abgekühlten Kuchen damit bestreichen.

Zutaten

8 Eier
140 g weiche Butter
75 g Puderzucker
75 g Zucker
200 g gemahlene Haselnüsse
150 g Pumpernickel
200 g Schokoladenflocken
100 g Vollmilchschokolade
100 g Zartbitterschokolade

Gugel- oder Napfform, gefettet und bemehlt

Mein Tipp: Sollte von diesem Kuchen mal was übrig bleiben, backe ich die Nusskuchenscheiben gerne wie arme Ritter aus. Dazu mache ich Pfannkuchenteig, tunke die Kuchenscheiben ein und backe sie langsam in der Pfanne aus. Dazu passt eine Kugel Vanilleeis, Zwetschgen oder Marillenröster.

Zitronenkuchen

Schmeckt nach Kindheit!

1 Die Butter mit dem Puderzucker cremig aufschlagen. Den Zitronensaft langsam zur Buttermasse geben und 5 Minuten weiter aufschlagen. Die Eier nach und nach zur Buttermasse geben und weiter schlagen. Das Backpulver mit dem Wiener Griessler und Salz mischen und nach und nach zur Eimasse geben. Zum Schluss die Zitronenschale unterrühren.

2 Den Ofen auf 160 °C vorheizen. Den Teig in eine gefettete Kastenform füllen und auf etwa 40 Minuten backen. Den Kuchen nach dem Ausdämpfen auf ein Kuchengitter stürzen.

3 Mit Aprikotur bestreichen und auskühlen lassen. Den Puderzucker in eine Schüssel sieben, mit dem Zitronensaft und 2 EL Wasser verrühren und den Kuchen damit bestreichen.

Zutaten

Für den Kuchen

300 g weiche Butter
300 g Puderzucker
Abrieb und Saft von 4 Bio-Zitronen
(180 ml Saft)
5 Eier
2 TL Backpulver
300 g Wiener Griessler
1 Prise Salz

Für den Guss

Aprikotur (siehe Seite 23)
200 g Puderzucker
2 EL Zitronensaft

Kastenform, gefettet

Mein Tipp: Ich backe gerne zwei Zitronenkuchen – und verwende den zweiten für ein Limoncello-Tiramisu. Dazu Mascarpone, Eigelb und Zucker hellschaumig aufschlagen, 2 Blatt Gelatine einweichen, in 5 cl Limoncello auflösen und zur Mascarponecreme geben. Kuchen mit Limoncello tränken und abwechselnd mit der Creme in ein Glas schichten.

Zitronentarte

Das ist Sommer in einem Kuchen!

Zutaten

Für den Mürbeteig

225 g eiskalte Butter
360 g Mehl (Type 405)
120 g Puderzucker
20 g Speisestärke
1 ½ Pck. Vanillezucker
1–2 Eigelb
Abrieb von 1 Bio-Zitrone
1 Prise Salz

Butter für die Form
2–3 EL brauner Zucker für die Form

Für den Zitronenguss

2 Blatt Gelatine
200 g Zucker
4 Eier
Saft und Schale von 5 Bio-Zitronen
300 g Butterwürfel

Springform, Ø 28 cm

1 Für den Mürbeteig die Butter in kleine Würfel schneiden. Butter mit den restlichen Zutaten verkneten, bis keine Butterstücke mehr zu sehen sind. Den Teig in Frischhaltefolie einwickeln und etwa 30 Minuten kalt stellen.

2 Den Teig zwischen Frischhaltefolie dünn ausrollen. Die Springform mit Butter einfetten und mit dem braunen Zucker leicht bestreuen. Den ausgerollten Teig in die Form legen, leicht andrücken und nochmals kalt stellen. Den Ofen auf 170 °C vorheizen. Den Mürbeteig etwa 15 Minuten backen.

3 Die Gelatine in etwas warmen Wasser einweichen. Den Zucker mit der Zitronenschale mischen. Den Zucker mit den Eiern hellschaumig aufschlagen. Die Zucker-Ei-Mischung in einem flachen Topf mit dem Zitronensaft aufschlagen, bis die Masse leicht andickt. Die eingeweichte Gelatine gut ausdrücken und zur Eiermasse geben und darin auflösen. Die Eiermasse leicht abkühlen lassen und die kalten Butterwürfel mit einen Handrührgerät unterrühren.

4 Die Masse auf den vorgebackenen Mürbeteig füllen und kalt stellen. Wenn der Kuchen fest angezogen ist, kann man eine leichte Schicht Panna cotta (siehe Seite 60) darauf verteilen.

Zitronentarte >>Gin Tonic<<
Der Kuchen ist erst ab 18!

Zutaten

Für den Mürbeteig

225 g eiskalte Butter
360 g Mehl (Type 405)
120 g Puderzucker
20 g Speisestärke
1 ½ Pck. Vanillezucker
1–2 Eigelb
Abrieb von 1 Bio-Zitrone
1 Prise Salz

Butter für die Form
2–3 EL brauner Zucker für die Form

Für den Belag

350 g kalte Butter
6 Bio-Zitronen
(etwa 250 ml Saft)
240 g Zucker
4 Eier

Für den Guss

24 g Tortengusspulver
60 g Zucker
400 ml Tonic
5 cl Gin (z. B. Monkey 47)
5 cl Zitronensaft

Springform, Ø 28 cm

1 Für den Mürbeteig die Butter in kleine Würfel schneiden. Butter mit den restlichen Zutaten verkneten, bis keine Butterstücke mehr zu sehen sind. Den Teig in Frischhaltefolie einwickeln und etwa 30 Minuten kalt stellen.

2 Den Teig zwischen Frischhaltefolie dünn ausrollen. Die Springform mit Butter einfetten und mit dem braunen Zucker leicht bestreuen. Den ausgerollten Teig in die Form legen, leicht andrücken und nochmals kalt stellen. Den Ofen auf 170 °C vorheizen. Den Mürbeteig etwa 15 Minuten backen.

3 Die kalte Butter in feine Würfel schneiden und in den Kühlschrank stellen. Die Schale von 4 Zitronen abreiben, alle 6 Zitronen auspressen. Zucker, Zitronensaft, Zitronenschale und die Eier in einen großen flachen Topf geben. Die Zutaten langsam zum Kochen bringen und mit dem Handrührgerät cremig aufschlagen. Die aufgeschlagene Masse etwa 5 Minuten abkühlen lassen, danach die eiskalte Butter unterrühren. Die Masse auf dem vorgebackenen Mürbeteig verteilen, glatt streichen und für mindestens 2 Stunden kalt stellen.

4 Das Tortengusspulver mit dem Zucker und Tonic leicht erhitzen (70–80 °C), etwa 3 Minuten leicht köcheln lassen und zum Schluss den Gin und Zitronensaft unter den Tortenguss rühren. Tortenguss auf die durchgekühlte Tarte geben und glattstreichen.

Mein Tipp: Reiben Sie die Schale von Zitrusfrüchten immer vorsichtig ab. Die weiße Haut, die darunter liegt, ist sehr bitter. Verwenden Sie hochwertigen Gin – Sie werden es am Geschmack merken.

Apfel-Hefe-Kuchen

schmeckt lauwarm am besten

1 Für den Hefeteig wird ein Vorteig bereitet. Dafür die Milch leicht erwärmen (28 °C). Die zerbröselte Hefe mit zwei Teelöffeln Zucker und der lauwarmen Milch vermischen. Das Dampferl 15 Minuten zugedeckt bei max. 35 °C gehen lassen.

2 Die Butter zerlassen. Mehl, restlichen Zucker, Butter, Eier, Salz, Zitronenschale, Orangenschale, Zimt und Vanillemark mit dem Dampferl mischen. Mit der Küchenmaschine zu einem geschmeidigen Teig verarbeiten. Den Hefeteig mit einem Tuch abdecken und 20 Minuten an einem warmen Ort nochmals gehen lassen.

3 Die Springform einfetten und mit braunem Zucker ausstreuen. Den Hefeteig ausrollen und in die Springform legen.

4 Den Ofen auf 160 °C vorheizen. Die Äpfel schälen, Kerngehäuse entfernen und in Spalten schneiden. Die Apfelspalten dachziegelartig auf den Hefeteig legen. Eier, Sahne und Zucker verrühren und über die Äpfel gießen. Den Kuchen auf mittlerer Schiene etwa 50 Minuten backen, nach Belieben mit Aprikotur bestreichen und lauwarm servieren.

Zutaten

Für den Hefeteig
500 ml Milch
1 Würfel frische Hefe (42 g)
4 TL Zucker
180 g Butter
1 kg Wiener Griessler
2 Eier
Salz
1 Msp. Zitronenschale
1 Msp. Orangenschale
1 Prise Zimt
Mark von ½ Vanilleschote

Butter für die Form
2–3 EL brauner Zucker für die Form

Für den Belag
800 g Äpfel
2 Eier
200 g Sahne
3 EL Zucker
Aprikotur (siehe Seite 23) nach Belieben

Springform, Ø 28 cm

Mein Tipp: Alle Kuchen aus Hefeteig müssen – finde ich – lauwarm oder wenigstens »tagesfrisch« gegessen werden. Wichtig ist auch die Qualität der Früchte: Je besser der Apfel, umso besser der Kuchen.

Zweierlei Zwetschgenkuchen

Zwetschge pur

Zutaten

300 g kalte Butter
300 g Zucker
600 g Mehl (Type 405)
2 Eier
2 Prisen Zimt
Schale von 2 Bio-Zitronen
Schale von 1 Bio-Orange
1 kg Zwetschgen
300 g Pflaumenmus
200 g gemahlene Mandeln
1 Ei
20 g Vanille-Puddingpulver

Backblech, gefettet

1 Den Ofen auf 160 °C vorheizen. Butter, Zucker, Mehl, Eier, Zimt und Zitrusschalen zu einem glatten Teig verarbeiten und kalt stellen.

2 ⅓ des Teiges zu Streuseln verarbeiten oder mit grob mit einer Küchenreibe schaben. Den Rest des Teiges dünn ausrollen und auf das Backblech legen.

3 Die Zwetschgen waschen, halbieren und entsteinen. Das Pflaumenmus mit den Mandeln, dem Ei und dem Puddingpulver vermischen, den Teig damit bestreichen und eng mit Zwetschgen belegen. Die kalten Streusel großzügig über die Zwetschgen verteilen. Den Kuchen auf mittlerer Schiene etwa 30 bis 40 Minuten backen.

Mein Tipp: Wenn Sie die Zutaten halbieren, können Sie den Kuchen auch in einer Springform backen.

Zwetschgenkuchen halb/halb

mit sehr gehaltvollem Boden

1 Für den Hefeteig wird zunächst ein Vorteig (Dampferl) bereitet. Dazu die Milch leicht erwärmen (28 °C). Die zerbröselte Hefe mit zwei Teelöffeln Zucker und der lauwarmen Milch vermischen. Das Dampferl 15 Minuten zugedeckt bei max. 35 °C gehen lassen.

2 Mehl, restlichen Zucker, Butter, Eier und Salz mit dem Dampferl mischen. Mit der Küchenmaschine zu einem geschmeidigen Teig verarbeiten. Den Hefeteig mit einem Tuch abdecken und 60 Minuten an einem warmen Ort nochmals gehen lassen.

3 Für den Mürbeteig die Butter in kleine Würfel schneiden. Butter mit den restlichen Zutaten verkneten, bis keine Butterstücke mehr zu sehen sind. Den Teig in Frischhaltefolie einwickeln und etwa 30 Minuten kalt stellen.

4 Den fertigen Mürbeteig stückchenweise in den fertigen Hefeteig einarbeiten. Den Teig abdecken und an einen warmen Ort nochmals gehen lassen.

5 Den Ofen auf 160 °C vorheizen. Den Teig ausrollen und auf das Backblech legen. Die Zwetschgen halbieren und entsteinen, dachziegelartig auf den Teig legen. Den Kuchen auf mittlerer Schiene etwa 35 Minuten backen.

Zutaten

Für den Hefeteig

200 ml Milch
1 Würfel frische Hefe (42 g)
50 g Zucker
1 kg Wiener Griessler
50 g Butter
2 Eier
Salz

Für den Mürbeteig

225 g eiskalte Butter
360 g Mehl (Type 405)
120 g Puderzucker
20 g Speisestärke
1 ½ Pck. Vanillezucker
1–2 Eigelb
Abrieb von 1 Bio-Zitrone
1 Prise Salz

Für den Belag

1 kg Zwetschgen

Backblech, gefettet

Linzer Torte von Mango, Kokos

und Macadamia

Zutaten

200 g Mehl
50 g Kokosraspel
50 g gemahlene Macadamianüsse
100 g Puderzucker
etwas Abrieb von 1 Tonkabohne
1 Ei
130 g kalte Butter
400 g Mangomarmelade
1 Eigelb
30 ml Milch

Butter für die Form

Rundes Backblech, Ø 28 cm

1 Mehl in eine Schüssel sieben, die Kokosraspel und die gemahlenen Macadamianüsse, Puderzucker, Tonkabohnenabrieb und Ei unter das Mehl mischen. Die Butter in kleine Würfel schneiden und zum Mehl geben. Zwischen den Händen etwas bröselig reiben, dann mehr zusammendrücken als kneten, damit der Teig nicht brüchig wird. Den Mürbeteig in Frischhaltefolie wickeln und 1 Stunde kalt stellen.

2 Die Hälfte des Teiges etwa 1 cm dick ausrollen. Das Backblech einfetten und den ausgerollten Mürbeteig darauflegen. Den Tortenring aufsetzen und fest andrücken, die überstehenden Teigreste entfernen. Den Mürbeteig so mit der Mangomarmelade bestreichen, dass vom Rand etwa ½ cm frei bleibt. Aus dem restlichen Teig für das Gitter 12 unterschiedliche Stränge ausrollen.

3 Den Ofen auf 175 °C vorheizen. Die Stränge jetzt auf den Kuchen legen, sodass ein Gitter entsteht. Die Enden am Rand gut andrücken. Das Eigelb mit der Milch verquirlen und das Gitter damit bepinseln. Den Kuchen etwa 25 Minuten auf mittlerer Stufe backen.

Mein Tipp: Die klassische Linzer Torte ist eigentlich ein Weihnachtsrezept – diese Variante passt immer. Wenn Sie den Kuchen vor dem Backen noch mal kurz in den Kühlschrank stellen, wird der Boden schön knusprig.

Himbeer-Zupfkuchen

Ein Renner bei mir im Café

Zutaten

Für den Mürbeteig

150 g Butter
300 g Mehl (Type 550)
150 g brauner Zucker
30 g Kakao
2 Eigelb
12 g Backpulver

Butter für die Form
2–3 EL brauner Zucker für die Form

Für den Belag

1 kg Schmand
40 g Vanille-Puddingpulver
120 g Zucker
1 Prise Salz
2 Eier
250 g Himbeeren (alternativ Mandarinen)

Springform, Ø 30 cm

1 Für den Mürbeteig die Butter in kleine Würfel schneiden. Butter mit Mehl, braunem Zucker, Kakao, Eigelb und Backpulver verkneten, bis keine Butterstücke mehr zu sehen sind. Den Teig in Frischhaltefolie einwickeln und etwa 30 Minuten kalt stellen.

2 ¾ des Mürbeteigs nach der Kühlzeit zwischen Frischhaltefolie dünn ausrollen, den restlichen Teig wieder kalt stellen. Die Springform mit Butter einfetten und mit braunen Zucker leicht bestreuen. Den ausgerollten Teig in die Form legen, leicht andrücken und nochmals kalt stellen. Den Ofen auf 170 °C vorheizen und den Mürbeteig etwa 15 Minuten backen.

3 Schmand, Vanille-Puddingpulver, Zucker und Salz in eine Schüssel geben und gründlich vermischen. Die Eier vorsichtig in einer zweiten Schüssel aufschlagen, dann zum Schmandmix geben und nur leicht untermischen, sodass die Eierstruktur noch erkennbar ist. Die Himbeeren vorsichtig unterheben, die Masse auf den vorgebackenen Mürbeteig geben und glatt streichen. Von dem restlichen Mürbeteig kleinere Stücke abzupfen und auf den Kuchen legen. Bei 100 °C etwa 1 Stunde backen.

Mein Tipp: Die Himbeeren können Sie natürlich durch andere Früchte ersetzen. »Abgefahren« schmeckt der Kuchen auch mit Flugmango und Passionsfrucht.

Kuchen & Dessert

Bei diesem Kapitel handelt es sich um etwas aufwendigere Kuchen,
die Sie alle mit etwas Liebe zu einem wundervollen Dessert
verzaubern können! Ein kleiner Saucenspiegel, frische Beeren
und Ihr Lieblingseis …

Vanillepudding-Tarte
mit Birnen

1 Die Butter in kleine Würfel schneiden. Butter mit Mehl, Puderzucker, Stärke, Vanillezucker, Eigelb, Zitronenabrieb und Salz verkneten, bis keine Butterstücke mehr zu sehen sind. Den Teig in Frischhaltefolie einwickeln und 30 Minuten kalt stellen.

2 Den Mürbeteig zwischen Frischhaltefolie dünn ausrollen. Die Springform mit Butter einfetten und mit braunem Zucker leicht bestreuen. Den ausgerollten Teig in die Form legen und leicht andrücken. Nochmals 10 Minuten kalt stellen. Den Ofen auf 170 °C vorheizen. Den Mürbeteig auf mittlerer Schiene etwa 15 Minuten backen.

3 Die Birnen waschen, Kerngehäuse entfernen, in Spalten schneiden und auf dem vorgebackenen Mürbeteig verteilen. Das Eigelb mit dem Zucker hellschaumig aufschlagen. 4 EL Milch mit dem Vanille-Puddingpulver und dem Mehl verrühren. Restliche Milch und Sahne erwärmen. Vanillemark, Zitronen- und Orangenschale zur Milch geben. Die warme Milch zur Eigelb-Zucker-Masse geben und kurz aufschlagen.

4 Die Eigelbmasse wieder in einen Topf geben, die Milch-Puddingpulver-Masse hinzufügen und unter ständigem Rühren 2 Minuten köcheln lassen. Die Masse durch ein Sieb in einen zweiten Topf passieren und auf dem vorbereiteten Mürbeteig verteilen. Den Kuchen etwa 25 Minuten bei 120 °C goldbraun backen.

Zutaten

Für den Bretonischen Mürbeteig
225 g eiskalte Salzbutter
360 g Mehl (Type 405)
120 g Puderzucker
18 g Stärke
1 ½ Pck. Vanillezucker
1–2 Eigelb (30 g)
Abrieb von 1 Bio-Zitrone
1 Prise Salz

Butter für die Form
2–3 EL brauner Zucker für die Form

Für den Belag
5 Birnen (aus der Dose)
6 Eigelb
100 g Zucker
250 ml Milch
40 g Vanille-Puddingpulver
20 g Mehl
250 g Sahne
Mark von 1 Vanilleschote
Schale von je ½ Bio-Zitrone und Bio-Orange

Springform, Ø 30 cm

Sachertorte

und Sacherisu

Zutaten

Für den Teig
150 g Schokolade
130 g Butter
6–7 Eier
130 g Puderzucker
100 g Mehl
1 TL Backpulver

Für die Füllung
2 EL Rum
50 ml Läuterzucker
(25 ml Wasser & 25 g Zucker)
250 g Marillenmarmelade

Für die Glasur
450 g Zartbitterkuvertüre
495 g Sahne
9 EL Butter
255 g Zucker
150 g Crème double

Springform, Ø 28 cm, gefettet, Boden
mit Backpapier belegt

1 Den Ofen auf 160 °C vorheizen. Die Schokolade mit der Butter auf dem Wasserbad schmelzen und beiseitestellen. Eier und Puderzucker in einer Schüssel cremig schlagen. Das Mehl mit dem Backpulver mischen und in eine Schüssel sieben. Mehl vorsichtig unter die Eiermasse heben.

2 Die Schokoladen-Buttermasse vorsichtig unter die Eiermasse rühren. In eine Springform füllen und etwa 20 Minuten backen.

3 Für die Glasur die Kuvertüre grob zerkleinern. Sahne und Butter aufkochen und die Schokolade darin schmelzen. Die Schokoladensahne leicht abkühlen lassen. 120 ml Wasser mit dem Zucker aufkochen und zur Schokoladensahne geben. Crème double unter die leicht ausgekühlte Schokoladen heben und das Ganze nochmals aufkochen lassen.

4 Den Kuchen für 3 Böden zweimal durchschneiden. Die drei Böden mit Rum und Läuterzucker tränken und mit der Marillenmarmelade bestreichen. Die Böden wieder zusammensetzen, die Torte auf einem Tortengitter mit der Glasur überziehen.

Mein Tipp: Mit einer guten Mascarponecreme (siehe z. B. Seite 88) entsteht im Handumdrehen unser Sacherisu. Schokoboden rund ausstechen, mit Marmelade bestreichen und abwechselnd mit der Creme in Gläser schichten.

Himbeertarte

mit weisser Schokolade

Zutaten

Für den Mürbeteig
225 g eiskalte Butter
360 g Mehl (Type 405)
120 g Puderzucker
20 g Speisestärke
1 ½ Pck. Vanillezucker
1–2 Eigelb
Abrieb von 1 Bio-Zitrone
1 Prise Salz

Butter für die Form
2–3 EL brauner Zucker für die Form

Für die Himbeercreme
500 g kalte Butter
400 ml Himbeermark
280 g Zucker
5 Eier

Für den Panna-cotta-Belag
3 Blatt Gelatine
300 g Sahne
60 g Zucker
1 Vanilleschote
50 g weiße Schokolade

Zum Garnieren
3 Schalen frische Himbeeren
etwas Puderzucker zum Bestäuben
12 Minzeblätter zum Garnieren

Springform, Ø 32 cm

1 Für den Mürbeteig die Butter in kleine Würfel schneiden. Butter mit den restlichen Zutaten verkneten, bis keine Butterstücke mehr zu sehen sind. Den Teig in Frischhaltefolie einwickeln und etwa 30 Minuten kalt stellen.

2 Den Teig zwischen Frischhaltefolie dünn ausrollen. Die Springform mit Butter einfetten und mit dem braunen Zucker leicht bestreuen. Den ausgerollten Teig in die Form legen, leicht andrücken und nochmals kalt stellen. Den Ofen auf 170 °C vorheizen. Den Mürbeteig etwa 15 Minuten backen.

3 Für den Himbeercreme die kalte Butter in feine Würfel schneiden und in den Kühlschrank stellen. Himbeermark, Zucker und Eier in einem flachen Topf langsam zum Kochen bringen und mit dem Handrührgerät cremig aufschlagen. Die aufgeschlagene Masse etwa 5 Minuten abkühlen lassen, danach die eiskalte Butter unterrühren.

4 Die Masse auf dem vorgebackenen Mürbeteig verteilen und glatt streichen. Eine Stunde kalt stellen. Gelatine in einer Schüssel mit reichlich kaltem Wasser einweichen. Die Sahne und den Zucker in einen kleinen Topf geben und das Mark der Vanilleschote auskratzen und zur Sahne geben. Die weiße Schokolade grob hacken, zur Sahne geben und schmelzen lassen. Die eingeweichte Gelatine gut ausdrücken und in der warmen Sahne auflösen.

5 Die lauwarme Panna cotta auf den Kuchenboden mit der Himbeercreme geben und glatt streichen. Nochmals für eine Stunde kalt stellen. Danach die Himbeeren auf der Panna cotta verteilen und mit Puderzucker und Minzeblättern garnieren.

Lieblingsrezept

Kaiserschmarrntarte

Aus Dessert wird Kuchen

Dieses Rezept entstand beim Topfenpalatschinkenbacken. Ich hatte plötzlich den Einfall, dass man daraus auch einen Kuchen zaubern könnte. Und dann haben wir das Ganze mit Kaiserschmarrn probiert – das Ergebnis überzeugt!

Zutaten

Für den Mürbeteig

225 g eiskalte Butter
360 g Mehl (Type 405)
120 g Puderzucker
20 g Speisestärke
1 ½ Pck. Vanillezucker
1–2 Eigelb
Abrieb von 1 Bio-Zitrone
1 Prise Salz

Butter für die Form
2–3 EL brauner Zucker für die Form

Für den Kaiserschmarrn

1 EL Rosinen, 2 cl Rum
30 g Mehl
12 g Zucker, 1 Prise Salz
35 ml Milch
120 g Butter
2 Eier

Für den Belag

500 g Schmand
50 g Zucker
20 g Vanille-Puddingpulver
1 Ei

Springform, Ø 28 cm

1 Die Rosinen am Vortrag in Rum einweichen.

2 Für den Mürbeteig die Butter in kleine Würfel schneiden. Butter mit den restlichen Zutaten verkneten, bis keine Butterstücke mehr zu sehen sind. Den Teig in Frischhaltefolie einwickeln und etwa 30 Minuten kalt stellen.

3 Den Teig zwischen Frischhaltefolie dünn ausrollen. Die Springform mit Butter einfetten und mit dem braunen Zucker leicht bestreuen. Den ausgerollten Teig in die Form legen, leicht andrücken und nochmals kalt stellen. Den Ofen auf 170 °C vorheizen. Den Mürbeteig etwa 15 Minuten backen.

4 Für den Kaiserschmarrn Mehl, Zucker und Salz in eine Schale geben und mit der Milch zu einem glatten Teig verrühren. 100 g Butter schmelzen und unter den Teig rühren. Die Eier so unter den Teig heben, dass die Struktur noch erkennbar ist. Den Backofen auf 180 °C vorheizen. Restliche Butter in einer ofenfesten Pfanne erhitzen und den Teig hineingießen. Die Rumrosinen auf dem Teig verteilen. Den Schmarrn bei mittlerer Hitze backen, bis der Teig Blasen wirft. Die Pfanne in den Backofen geben und den Schmarrn auf mittlerer Schiene 10 Minuten backen, anschließend die Ofentemperatur auf 100 °C reduzieren. Den Kaiserschmarrn in Stücke teilen und zur Seite stellen.

5 Für den Belag Schmand, Zucker und Vanille-Puddingpulver in eine Schale geben und gut miteinander verrühren. Das Ei wieder so unter die Masse rühren, dass die Struktur noch erkennbar ist. Auf dem vorgebackenen Mürbeteig verteilen und glatt streichen. Die Tarte im Backofen auf mittlerer Schiene bei 100 °C etwa 40 Minuten backen. Dann den Schmarrn auf den Kuchen geben, er darf leicht einsinken. Weitere 20 Minuten fertig backen.

Aus Mehlspeise wird Tarte

Da Kaiserschmarrn eines meiner Lieblingsessen ist, dachte ich mir, das daraus doch auch ein Kuchen zu machen sein müsse. Die Verwandtschaft zum Topfenpalatschinken ist beabsichtigt. Ich kombiniere die Kaiserscharrntarte am liebsten mit glasierten Äpfeln oder Marillen. Diese kann man auch gerne direkt in den Kuchen geben, einfach in mundgerechte Stücke schneiden und nach etwa 35 Minuten Backzeit rein damit.

Am besten schmeckt die Tarte, wenn sie nach dem Backen etwa 20 Minuten ruhen darf. Dann bestäube ich sie richtig dick mit Puderzucker und serviere sie lauwarm. Egal, ob mit Sahne, Rahmeis oder Preiselbeeren, die Tarte ist unglaublich gut, bedarf aber beim Zubereiten etwas Geschick. Sorry, Michi, wieder kein Rezept für dich.

Ein guter Kaiserschmarrn

Eigentlich braucht man für einen guten Kaiserschmarrn nur sechs einfache Zutaten – aber die Zubereitung ist etwas knifflig. Wem der Kaiserschmarrn gut gelingt, wird auch eine tolle Tarte daraus zaubern. Alle Zutaten (also auch Milch und Eier) sollten für den Kaiserschmarrn-Teig die gleiche Temperatur haben. Zuerst werden Mehl, Zucker, Salz und Milch mit einem Schneebesen gründlich vermischt. Erst wenn der Teig richtig schön glatt ist, wird die flüssige Butter hinzugegeben. Nun kommen die Eier hinzu – Sie sollten die Eier nur vorsichtig unter dem Teig heben, sodass Eigelb und Eiweiß auch nach dem Verrühren noch gut zu erkennen sind.

Dann gießen Sie den Teig in eine nicht allzu heiße Pfanne mit geschmolzener Butter und lassen alles 3 bis 4 Minuten stocken, bis sich die Masse von Pfannenrand löst, danach kommt der Kaiserschmarrn in den vorgeheizten Ofen und wird 12 bis 15 Minuten gebacken. Erst danach wird der Teig grob zerteilt und zur Tarte weiterverarbeitet.

Panna-cotta-Tarte

mit Rosmarin und weissem Pfirsich

Zutaten

Für den Mürbeteig

225 g eiskalte Butter
360 g Mehl (Type 405)
120 g Puderzucker
20 g Speisestärke
1 ½ Pck. Vanillezucker
1–2 Eigelb
Abrieb von 1 Bio-Zitrone
1 Prise Salz

Butter für die Form
2–3 EL brauner Zucker für die Form

Für die Panna cotta

8 Blatt Gelatine
1 kg Sahne
250 g Zucker, 40 g Vanillezucker
Abrieb von 1 Bio-Zitrone
und 1 Bio-Orange
50 g weiße Kuvertüre
500 g Mascarpone

Für den Guss

1 Blatt Gelatine
100 ml Pfirsichmark
3 weiße Weinbergpfirsiche
1 Zweig Rosmarin

Springform, Ø 28 cm

1 Für den Mürbeteig die Butter in kleine Würfel schneiden. Butter mit den restlichen Zutaten verkneten, bis keine Butterstücke mehr zu sehen sind. Den Teig in Frischhaltefolie einwickeln und etwa 30 Minuten kalt stellen.

2 Den Teig zwischen Frischhaltefolie dünn ausrollen. Die Springform mit Butter einfetten und mit dem braunen Zucker leicht bestreuen. Den ausgerollten Teig in die Form legen, leicht andrücken und nochmals kalt stellen. Den Ofen auf 170 °C vorheizen. Den Mürbeteig etwa 15 Minuten backen.

3 Für die Panna cotta die Gelatine in kaltem Wasser einweichen. Die Sahne mit dem Zucker, dem Vanillezucker und dem Zitrusfrüchteabrieb aufkochen. Die Gelatine gut ausdrücken und in der warmen Sahne auslösen. Die Kuvertüre in der warmen Sahne auflösen. Die Masse durch ein Sieb gießen. Die Mascarpone vorsichtig unter die Sahne rühren, sodass sie sich auflöst. Die Panna cotta abkühlen lassen, auf den Mürbeteig gießen und 3–4 Stunden kalt stellen.

4 Für den Guss die Gelatine in kaltem Wasser einweichen. In der Zwischenzeit das Fruchtmark erwärmen, die Gelatine gut ausdrücken, im warmen Mark auflösen und den Guss abkühlen lassen. Die Pfirsiche waschen, entsteinen und in kleine Stücke schneiden. Den Rosmarin waschen, trocknen und die Blättchen abzupfen. Den Guss über die gekühlte Panna-cotta-Tarte gießen, Pfirsich und Rosmarin darauf verteilen und nochmals 1 Stunde kalt stellen.

Mein Tipp: Dieser Kuchen lässt sich wunderbar am Vortag vorbereiten und muss – wenn die Gäste vor der Tür stehen – nur noch aus dem Kühlschrank genommen werden.

Topfenpalatschinken-Torte

Ihre Gäste werden begeistert sein!

1 Für den Mürbeteig die Butter in kleine Würfel schneiden. Butter mit den restlichen Zutaten verkneten, bis keine Butterstücke mehr zu sehen sind. Den Teig in Frischhaltefolie einwickeln und etwa 30 Minuten kalt stellen.

2 Den Teig zwischen Frischhaltefolie dünn ausrollen. Die Springform mit Butter einfetten und mit dem braunen Zucker leicht bestreuen. Den ausgerollten Teig in die Form legen, leicht andrücken und nochmals kalt stellen. Den Ofen auf 170 °C vorheizen. Den Mürbeteig etwa 15 Minuten backen.

3 Für den Teig Mehl, Milch, Salz und Vanillezucker mit einem Schneebesen zu einem glatten Teig verrühren. Eier und Eigelbe einrühren, den Teig etwa 10 Minuten ruhen lassen. Butterschmalz in der Pfanne erhitzen, überschüssiges Fett weggießen. Teig dünn einfließen lassen, goldbraun anbacken und wenden. Den Palatschinken beiseitestellen und den nächsten backen. So weiter verfahren, bis der ganze Teig verbraucht ist. Pfannkuchen mit Marillenmarmelade füllen und zusammenrollen. Auf den Mürbeteig legen und mit Marmelade bestreichen.

4 Den Ofen auf 110 °C vorheizen. Für die Topfenmasse Eier, Vanille-Puddingpulver und Zucker mischen. Schmand und Topfen unterheben und die Masse auf den gerollten Palatschinken verteilen. Topfenpalatschinken etwa 40 Minuten auf der mittleren Schiene backen.

Zutaten

Für den Mürbeteig

225 g eiskalte Butter
360 g Mehl (Type 405)
120 g Puderzucker
20 g Speisestärke
1 ½ Pck. Vanillezucker
1–2 Eigelb
Abrieb von 1 Bio-Zitrone
1 Prise Salz

Butter für die Form
2–3 EL brauner Zucker für die Form

Für den Teig

140 g Mehl, 250 ml Milch
2 Prisen Salz, 1 Pck. Vanillezucker
2 Eier, 2 Eigelb
etwas Butterschmalz
100 g Marillenmarmelade

Für die Topfenmasse

2 Eier
40 g Vanille-Puddingpulver
50 g Zucker
500 g Schmand
500 g Topfen

Springform, Ø 28 cm

Mein Tipp: Wenn was übrig bleibt, schneiden wir den Kuchen gerne in Scheiben und braten diese langsam in Butter goldbraun an. Dazu weißes Schokoladeneis und glasierte Marillen – und fertig ist »Tanja's Menüdessert«.

Waldmeister-Torte

Kindheit und Frühling in einem!

Zutaten

Für den Mürbeteig

225 g eiskalte Butter
360 g Mehl (Type 405)
120 g Puderzucker
20 g Speisestärke
1 ½ Pck. Vanillezucker
1–2 Eigelb
Abrieb von 1 Bio-Zitrone
1 Prise Salz

Butter für die Form
2–3 EL brauner Zucker für die Form

Für die Waldmeisterfüllung

8–9 Blatt Gelatine
250 g Sahne
1 kg Quark (40 % Fett i. Tr.)
6–7 Eiweiß (200 g)
100 g Zucker
100 ml Waldmeistersirup (alternativ
Hollersirup)
Abrieb von je ½ Bio-Zitrone und
Bio-Orange
½ Vanilleschote

1 Wiener Tortenboden
etwas Marmelade nach Geschmack
(z. B. Himbeermarmelade)

Springform, Ø 28 cm

1 Für den Mürbeteig die Butter in kleine Würfel schneiden. Butter mit den restlichen Zutaten verkneten, bis keine Butterstücke mehr zu sehen sind. Den Teig in Frischhaltefolie einwickeln und etwa 30 Minuten kalt stellen.

2 Den Teig zwischen Frischhaltefolie dünn ausrollen. Die Springform mit Butter einfetten und mit dem braunen Zucker leicht bestreuen. Den ausgerollten Teig in die Form legen, leicht andrücken und nochmals kalt stellen. Den Ofen auf 170 °C vorheizen. Den Mürbeteig etwa 15 Minuten backen.

3 Die Gelatine in kaltem Wasser einweichen. Die Sahne leicht erwärmen und die gut ausgedrückte Gelatine darin auflösen. Die Sahne in eine große Schale geben und kalt stellen, bis die Sahne fest geworden ist. Die Sahne mit den Handrührgerät aufschlagen, den Quark nach und nach unterrühren. Das Eiweiß mit dem Zucker steif schlagen. Sirup, Zitrusschalen und Vanillemark unter den Teig rühren. Das steif geschlagene Eiweiß vorsichtig unter die Quarkmasse heben.

4 Den vorgebackenen Mürbeteig mit der Marmelade bestreichen und den Wiener Tortenboden darauflegen. Die Quarkmasse darauf verteilen und glatt streichen. Den Kuchen 3–4 Stunden kalt stellen.

Limoncellokuchen

getränkt mit Limoncello

1 Den Ofen auf 160 °C vorheizen. Die Mandeln in einer Pfanne ohne Öl leicht anrösten. Butter, Puderzucker, Salz und Vanillemark cremig aufschlagen. Den Zitronenabrieb zur Buttermasse geben.

2 Die Eier einzeln unter die Buttermasse rühren. Das Backpulver mit dem Polentagrieß vermischen und zusammen mit den Mandeln nach und nach zur Buttermasse geben. Zum Schluss den Limoncello vorsichtig zur Buttermasse gießen und kurz aufschlagen. Den Kuchen in die Kastenform füllen und auf mittlerer Schiene etwa 35 bis 40 Minuten backen.

Zutaten

250 g gemahlene Mandeln
250 g Butter
250 g Puderzucker
1 Prise Salz
Mark von 1 Vanilleschote
Abrieb von 1 Bio-Zitrone
4 Eier
1 TL Backpulver
120 g feiner Polentagrieß
30 ml Limoncello

Kasten- oder Tarteform,
gefettet und bemehlt

Hüftgold-Extra:

hausgemachter Limoncello

(ergibt etwa 1 Liter)

8 große Amalfi-Zitronen schälen und die Schalen in 500 ml weißen Rum einlegen (je mehr Schalen, umso intensiver der Zitronengeschmack), etwa 4 Wochen im Dunklen ziehen lassen. Die Zitronen auspressen und den Saft einfrieren. Nach 4 Wochen Zitronensaft auftauen, mit 200 ml Wasser und 350 g Zucker aufkochen. Zu den in Rum eingelegten Schalen geben und erneut über Nacht ziehen lassen. Anschließend passieren und in Flaschen füllen.

Passionsfrucht-Tarte

Fruchtig und sommerlich!

Zutaten

Für den Mürbeteig

225 g eiskalte Butter
360 g Mehl (Type 405)
120 g Puderzucker
20 g Speisestärke
1 ½ Pck. Vanillezucker
1–2 Eigelb
Abrieb von 1 Bio-Zitrone
1 Prise Salz

Butter für die Form
2–3 EL brauner Zucker für die Tarte

Für die Füllung

4 Blatt Gelatine
100 g Sahne
350 g Passionsfruchtmark
530 g weiße Schokolade
1 frische Flugmango

Für den Guss

1 Blatt Gelatine
50 ml Mangomark
50 ml Passionsfruchtmark

Springform, Ø 28 cm

1 Für den Mürbeteig die Butter in kleine Würfel schneiden. Butter mit den restlichen Zutaten verkneten, bis keine Butterstücke mehr zu sehen sind. Den Teig in Frischhaltefolie einwickeln und etwa 30 Minuten kalt stellen.

2 Den Teig zwischen Frischhaltefolie dünn ausrollen. Die Springform mit Butter einfetten und mit dem braunen Zucker leicht bestreuen. Den ausgerollten Teig in die Form legen, leicht andrücken und nochmals kalt stellen. Den Ofen auf 170 °C vorheizen. Den Mürbeteig etwa 15 Minuten backen.

3 Die Gelatine in kaltem Wasser einweichen und beiseitestellen. Die Sahne mit dem Passionsfruchtmark erhitzen. Die Schokolade fein hacken und in der warmen Sahne auflösen. Die eingeweichte Gelatine gut ausdrücken und ebenfalls in der Sahne auflösen.

4 Die Mango schälen, in kleine Würfel schneiden und unter die Sahne rühren. Die Passionsfruchtmasse auf den Mürbeteig verteilen und für 3 bis 4 Stunden kalt stellen.

5 Für den Guss die Gelatine in kaltem Wasser einweichen. Mango- und Passionsfruchtmark in einem Topf erwärmen. Die Gelatine ausdrücken und im Fruchtmark auflösen. Den Guss vorsichtig über die gut gekühlte Passionsfrucht-Tarte gießen. Die Tarte für nochmals 1 Stunde kalt stellen.

Bayrisch-Creme-Torte
Der Aufwand lohnt sich!

Zutaten

2 vorgebackene Sacherböden (oder
Wienerböden)

Für den Schokoladenmürbeteig
125 g kalte Butter
200 g Mehl
1 Prise Salz
25 g gemahlene Haselnüsse
10 g Kakaopulver
½ TL Vanillezucker
75 g Puderzucker
1 Ei

Butter für die Form
2–3 EL brauner Zucker für die Form

Für den Belag
50 g Himbeermarmelade
15 Blatt Gelatine
2 Eier, 10 Eigelb
150 g Puderzucker
Mark von 1 Vanilleschote
60 ml Schnaps (z. B. Himbeergeist)
250 g Frischkäse
900 g Sahne

Für den Guss
500 ml Himbeermark
5 Blatt Gelatine
350 g frische Himbeeren
zum Dekorieren

Springform, Ø 28 cm

1 Für den Schokoladenmürbeteig die Butter in kleine Würfel schneiden und mit Mehl, Salz, Haselnüssen, Kakaopulver, Vanillezucker, Puderzucker und Ei verkneten, bis keine Butterstückchen mehr zu sehen sind. Den Teig in Frischhaltefolie einwickeln und für 30 Minuten kalt stellen.

2 Den Mürbeteig zwischen zwei frischen Bahnen Frischhaltefolie dünn ausrollen. Eine Springform mit etwas Butter ausbuttern und mit etwas braunem Zucker leicht bestreuen. Den ausgerollten Teig in die Form legen und leicht andrücken. Nochmals für 10 Minuten kalt stellen. Den Backofen auf 170 °C vorheizen. Den Boden etwa 20 Minuten auf mittlerer Schiene backen.

3 Den Schokoladenmürbeteig etwas abkühlen lassen, mit der Himbeermarmelade bestreichen, einen Sacherboden auflegen. Die Gelatine in kaltem Wasser einweichen. Eier und Eigelb mit Puderzucker und Vanillemark in eine Schüssel geben, alles über dem warmen Wasserbad mit einem Schneebesen schlagen, bis die Masse cremig wird. Den Schnaps in einem kleinen Topf erwärmen. Die gut ausgedrückte Gelatine im Schnaps auflösen und unter die Eiermasse mischen.

4 Die Schüssel mit der Eiercreme auf ein kaltes Wasserbad stellen und weiterrühren, bis die Masse leicht anzieht. Den Frischkäse und die geschlagene Sahne unterheben. Die Hälfte der Bayrisch Creme auf den Sacherboden gießen und glatt streichen. Wenn die Masse beginnt, fest zu werden, den zweiten Sacherboden auf die Bayrisch-Creme-Masse legen. Die restliche Bayrische Creme auf den zweiten Sacherboden gießen und glatt streichen. Die Torte etwa für 1 Stunde kalt stellen.

5 Für den Guss das Himbeermark in einem kleinen Topf erwärmen. Die Gelatine in kaltem Wasser einweichen, nach 10 Minuten gut ausdrücken und im warmen Himbeermark auflösen. Den Guss auf die Torte gießen und glatt streichen. Wenn der Guss fest geworden ist, die frischen Himbeeren auf dem Kuchen verteilen.

Apfelstrudel-Torte

Passt auch für Zwetschgen, Marillen & Co.

1 Für den Mürbeteig die Butter in kleine Würfel schneiden. Butter mit den restlichen Zutaten verkneten, bis keine Butterstücke mehr zu sehen sind. Den Teig in Frischhaltefolie einwickeln und etwa 30 Minuten kalt stellen.

2 Den Teig zwischen Frischhaltefolie dünn ausrollen. Die Springform mit Butter einfetten und mit dem braunen Zucker leicht bestreuen. Den ausgerollten Teig in die Form legen, leicht andrücken und nochmals kalt stellen. Den Ofen auf 170 °C vorheizen. Den Mürbeteig etwa 15 Minuten backen.

3 Den Ofen auf 180 °C vorheizen. Die Äpfel schälen, vierteln, entkernen und in feine Scheiben schneiden. Die Butter in einem kleinen Topf schmelzen. Äpfel, Haselnüsse, Zimt, Zitronenschale und Rum gut vermengen.

4 Den Strudelteig auf ein bemehltes Geschirrtuch legen. Den Strudelteig mit ²/₃ der flüssigen Butter bestreichen. Anschließend mit Semmelbröseln bestreuen. Die Apfel-Nuss-Mischung auf den Strudelteig verteilen. Die Ränder mit dem verquirlten Ei bestreichen und mit dem Geschirrtuch zusammenrollen. Den Strudel mit der restlichen Butter bestreichen und auf das Backblech legen. Den Strudel etwa 20 Minuten backen.

5 In der Zwischenzeit den Guss herstellen: Dazu Schmand, Zucker, Vanille-Puddingpulver und Orangenschale verrühren, zum Schluss das Ei unter die Masse heben. Den fertig gebackenen Strudel aus dem Ofen nehmen, halbieren und auf den Mürbeteig legen. Die Schmandmasse darüber verteilen. Die Ofentemperatur 100 °C reduzieren und den Kuchen auf mittlerer Schiene etwa 1 Stunde backen.

Zutaten

Für den Mürbeteig
225 g eiskalte Butter
360 g Mehl (Type 405)
120 g Puderzucker
20 g Speisestärke
1 ½ Pck. Vanillezucker
1–2 Eigelb
Abrieb von 1 Bio-Zitrone
1 Prise Salz

Butter für die Form
2–3 EL brauner Zucker für die Form

1 fertiger Strudelteig

Für den Apfelstrudel
6 Äpfel (z. B. Pinova, Boskop)
130 g Butter
60 g gemahlene Haselnüsse
1 TL Zimt
Schale von 1 Bio-Zitrone
2 cl Rum
60 g Semmelbrösel
1 Ei

Für den Guss
500 g Schmand
50 g Zucker
½ Pck. Vanille-Puddingpulver
Schale von ½ Bio-Orange
1 Ei

Springform, Ø 28 cm
Backblech, mit Backpapier belegt

Schneeflockenkuchen
mit Marillen

Zutaten

Für den Kuchen

300 g kalte gewürfelte Butter
300 g Zucker
600 g Mehl (Type 405)
2 Eier
250 g gemahlene Mandeln
2 Prisen Zimt
Schale von 2 Zitronen
Schale von 1 Orange
250 g Marillenmarmelade
500 g Marillen, entsteint und halbiert

Für die Schneeflocken-Streusel

250 g Butter
100 g Puderzucker
2 Pck. Vanillezucker
1 Prise Salz
100 g Mehl
250 g Speisestärke

Springform, Ø 28 cm,
gefettet und bemehlt

1 Für die Streusel Butter, Puderzucker, Vanillezucker und Salz schaumig aufschlagen. Mehl und Speisestärke löffelweise dazugeben und zu einem glatten Teig verkneten. Eine Stunde kühl stellen.

2 Den Teig zwischen den Händen zu Streuseln verreiben und auf dem Kuchen verteilen.

3 Den Ofen auf 160 °C vorheizen. Butter, Zucker, Mehl, Eier, Mandeln, Zimt und Zitrusschalen zu einem glatten Teig verarbeiten. Den Teig dünn ausrollen und in die Springform legen.

4 Den Teig mit der Marillenmarmelade bestreichen und eng mit den Marillen belegen. Die kalten Schneeflockenstreusel großzügig darauf verteilen. Den Kuchen auf mittlerer Schiene etwa 30 Minuten backen.

Mein Tipp: Die Schneeflocken waren meine Lieblingsplatzerl von meiner Oma. Am liebsten zwei Hälften mit Marmelade bestrichen und zur Hälfte in Schokolade getaucht.

Freche neue Rezepte

Toben Sie sich doch einfach mal beim Kuchen aus –
trauen Sie sich was! Mal mit Latschenkiefer, Rosmarin,
Basilikum, Almheu, Löwenzahn und Co.

Schmandkuchen

Der mit Abstand beliebteste Kuchen im Moarwirt

Zutaten

Für den Mürbeteig

225 g eiskalte Butter
360 g Mehl (Type 405)
120 g Puderzucker
20 g Speisestärke
1 ½ Pck. Vanillezucker
1–2 Eigelb
Abrieb von 1 Bio-Zitrone
1 Prise Salz

Butter für die Form
2–3 EL brauner Zucker für die Form

Für die Schmandkuchen-Masse

1 kg Schmand
1 Pck. Vanille-Puddingpulver
100 g Zucker
Schale und Saft einer Bio-Orange
1 Prise Salz
2 Eier

Springform, Ø 28 cm

1 Für den Mürbeteig die Butter in kleine Würfel schneiden. Butter mit den restlichen Zutaten verkneten, bis keine Butterstücke mehr zu sehen sind. Den Teig in Frischhaltefolie einwickeln und etwa 30 Minuten kalt stellen.

2 Den Teig zwischen Frischhaltefolie dünn ausrollen. Die Springform mit Butter einfetten und mit dem braunen Zucker leicht bestreuen. Den ausgerollten Teig in die Form legen, leicht andrücken und nochmals kalt stellen. Den Ofen auf 170 °C vorheizen. Den Mürbeteig etwa 15 Minuten backen.

3 Für die Schmandkuchen-Masse Schmand, Vanille-Puddingpulver, Zucker, Orangenabrieb, Orangensaft und Salz in eine Rührschüssel geben und gründlich vermischen. Die Eier vorsichtig in einer zweiten kleinen Schüssel aufschlagen, dann zum Schmandmix geben und nur leicht untermischen, sodass die Eistruktur noch erkennbar ist.

4 Backofen auf 100 °C vorheizen. Die Schmandkuchen-Masse auf dem vorgebackenen Mürbeteigboden verteilen und alles im vorgeheizten Backofen auf der mittleren Schiene etwa 60 Minuten backen. Herausnehmen und abkühlen lassen.

Mein Tipp: Ich nehme die Kuchenmasse auch sehr gerne für Soufflés und Aufläufe.

Topfen-Tarte

Ein Blitz-Käsekuchen

1 Die Butter in kleine Würfel schneiden. Butter mit Mehl, Puderzucker, Stärke, Vanillezucker, Eigelb, Zitronenabrieb und Salz verkneten, bis keine Butterstücke mehr zu sehen sind. Den Teig in Frischhaltefolie einwickeln und etwa 30 Minuten kalt stellen.

2 Den Mürbeteig zwischen Frischhaltefolie dünn ausrollen. Die Springform mit Butter einfetten und mit braunem Zucker leicht bestreuen. Den ausgerollten Teig in die Form legen und leicht andrücken. Nochmals 10 Minuten kalt stellen. Den Ofen auf 170 °C vorheizen. Den Mürbeteig etwa 15 Minuten backen.

3 Den Topfen in einem mit einem Geschirrhandtuch ausgelegten Sieb abtropfen lassen. Die Eier trennen und ⅔ des Zuckers mit Salz und Eiweiß steif schlagen und beiseitestellen. Die Butter schmelzen. Den abgetropften Topfen mit dem Eigelb und ⅓ des Zuckers aufschlagen. Die Schale der Zitrone abreiben, die Früchte auspressen und Abrieb sowie Saft zur Topfenmasse geben.

4 Das Puddingpulver mit dem Grieß mischen und auch zur Topfenmasse geben. Anschließend vorsichtig die flüssige Butter unterrühren. Zum Schluss das steif geschlagene Eiweiß unterheben.

5 Den Backofen auf 100 °C vorheizen. Die Topfenmasse auf dem Bretonischen Mürbeteig verteilen und glatt streichen. Etwa 60 bis 80 Minuten backen.

Zutaten

Für den Bretonischen Mürbeteig
225 g eiskalte Salzbutter
360 g Mehl (Type 405)
120 g Puderzucker
18 g Stärke
1 ½ Pck. Vanillezucker
1–2 Eigelb (30 g)
Abrieb von 1 Bio-Zitrone
1 Prise Salz

Butter für die Form
2–3 EL brauner Zucker für die Form

Für die Topfenmasse
700 g Topfen (40 % Fett i. Tr.)
5 Eier
300 g Zucker
1 Prise Salz
200 g Butter
1 Bio-Zitrone
1 Pck. Vanille-Puddingpulver
1 EL Grieß

Springform, Ø 28 cm

Mein Tipp: Ich serviere die Topfentarte am liebsten zur Marillenzeit Ende Juli, Anfang August. Dazu koche ich aus den frischen Marillen ein Kompott und reiche es noch warm zum Kuchen.

Lieblingsrezept

Schwarzer Karottenkuchen

Ungewöhnlich lecker!

Zu meiner Lehrzeit gab es die Karottensorte »Purple Haze« gar nicht auf dem Markt. Sie ist sehr Vitamin-C-reich und ist selbst schon vom Aussehen her ein kleines Kunstwerk.

Zutaten

Für den Teig
7 Eier
160 g Puderzucker
170 ml Olivenöl
150 g Schwarze Karotte (alternativ: gelbe oder orange Karotten)
150 g Zucker
70 g Walnusskerne
200 g Wiener Griessler
1 TL Backpulver
½ TL Salz
½ TL Zimt

Für die Füllung
60 g weiche Butter
40 g Puderzucker
500 g Mascarpone
Saft von 2 Orangen

Springform, Ø 28 cm, gefettet

1 3 Eier trennen. Die restlichen Eier und die Eigelbe mit dem Puderzucker langsam aufschlagen, bis das Ei fast weiß ist. Das Olivenöl nach und nach zur Eimasse geben. Die Karotten gründlich waschen und fein reiben. Die Walnüsse in einer Pfanne anrösten und klein brechen. Den Ofen auf 170 °C vorheizen.

2 Wiener Griessler, Backpulver, Salz und Zimt mit den geriebenen Karotten mischen und nach und nach unter die Eimasse heben. Das Eiweiß mit dem Zucker steif schlagen und vorsichtig unterheben. Die fertige Masse in eine Springform füllen und etwa 1 Stunde backen. Den Kuchen nach dem Abdämpfen auf ein Kuchengitter stürzen, auskühlen lassen und für zwei Böden einmal durchschneiden.

3 Für die Füllung die Butter mit Puderzucker aufschlagen. Mascarpone und Orangensaft unterheben. Die Mascarponemasse auf den unteren Kuchenboden streichen und den oberen Teil darauflegen. Vor dem Servieren mit Puderzucker bestäuben.

Mein Tipp: Für diesen Kuchen braucht man wirklich viele Zutaten und die Zubereitung dauert auch ein bisschen, aber es lohnt sich. Der Kuchen kann auch gut vorbereitet werden.

Kuchen aus Karotten?

Wenn mir jemand vor 30 Jahren mal gesagt hätte, dass ich einmal ein Backbuch schreiben und dass ich als Lieblingsrezept einen Karottenkuchen wählen würde, hätte ich wahrscheinlich gelacht und ihn für verrückt erklärt. Als Kind hasste ich Karottenkuchen, doch heute finde ich ihn in meiner Lieblingsjahreszeit Herbst einfach klasse.

Ich muss gestehen, ich halte mich nicht immer an das Rezept. Ich probiere gerne Nüsse und Füllungen aus. Prima schmeckt das Rezept auch mit Kürbis oder Zucchini anstelle der Karotte. Auch eine Tiramisufüllung passt wunderbar zum saftigen Kuchengeschmack.

Sie können den Boden auch mit frischem Apfel- oder Orangensaft tränken. Dann ist der Kuchen eine kleine Vitaminbombe.

Gerne backe ich den Kuchen auch im Einweckglas. Dazu die Gläser nur zu zwei Dritteln füllen, denn der Kuchen geht auf. Nach dem Backen die Gläser noch heiß vorsichtig verschließen. Sie haben dann einen etwa 8 Wochen haltbaren, kleinen, gesunden und süßen Vorrat.

Karotten-Walnusskuchen
mit Schokogarnitur

Zutaten

400 g Karotten

230 g gemahlene Walnüsse

3 Eier

3 Eigelb

500 g Zucker

500 g Mehl (Type 405)

5 TL Backpulver

1 TL Zimt

1 Msp. Kaffeepulver

1 Prise Salz

500 ml Olivenöl

Schokolade zum Garnieren

Kastenform, gefettet und bemehlt

1 Die Karotten waschen, schälen und fein reiben. Die gemahlenen Walnüsse in einer Pfanne ohne Öl anrösten und auskühlen lassen.

2 Den Ofen auf 160 °C vorheizen. Eier und Eigelbe mit dem Zucker cremig schaumig aufschlagen. Mehl, Backpulver, Zimt, Kaffeepulver und Salz miteinander mischen. Die Mehlmischung vorsichtig unter die Eimasse heben. Das Olivenöl vorsichtig in den Teig laufen lassen. Zum Schluss die Karotten und die Walnüsse vorsichtig unter den Teig heben. Den Kuchen in eine Kastenform füllen und auf mittlerer Schiene etwa 45 Minuten backen.

3 Nach Belieben mit Schokolade garnieren.

Mein Tipp: Dieser Kuchen hält sich gut und schmeckt auch noch nach einer Woche sehr lecker. Da der Kuchen selbst recht gesund ist, dürfen Sie mit der Schokoladengarnitur so richtig protzen.

Szechuanpfeffer-Kuchen
mit Blaubeeren

Zutaten

Für den Mürbeteig

225 g eiskalte Butter
360 g Mehl (Type 405)
120 g Puderzucker
20 g Speisestärke
1 ½ Pck. Vanillezucker
1–2 Eigelb
Abrieb von 1 Bio-Zitrone
1 Prise Salz

Butter für die Form
2–3 EL brauner Zucker für die Form

Für den Belag

550 g Vollmilch-Schokolade
130 g Sahne
2 Prisen Salz
30 g Glukosesirup
10 g Szechuanpfeffer
3 Blatt Gelatine
300 g Blaubeer- oder
Heidelbeerkompott
250 g Blaubeeren

Springform, Ø 28 cm

1 Für den Mürbeteig die Butter in kleine Würfel schneiden. Butter mit den restlichen Zutaten verkneten, bis keine Butterstücke mehr zu sehen sind. Den Teig in Frischhaltefolie einwickeln und etwa 30 Minuten kalt stellen.

2 Den Teig zwischen Frischhaltefolie dünn ausrollen. Die Springform mit Butter einfetten und mit dem braunen Zucker leicht bestreuen. Den ausgerollten Teig in die Form legen, leicht andrücken und nochmals kalt stellen. Den Ofen auf 170 °C vorheizen. Den Mürbeteig etwa 15 Minuten backen.

3 50 g Schokolade schmelzen, den vorgebackenen Mürbeteig damit bestreichen und kalt stellen. Die Sahne mit Salz und Glukose erhitzen, bis sich die Glukose vollständig aufgelöst hat. Den Szechuanpfeffer in die warme Sahne geben und 5 Minuten ziehen lassen. Anschließend die Sahne durch ein Sieb in einen weiteren Topf passieren. Die restliche Schokolade in der Sahne auflösen, die Schokoladensahne auf den vorgebackenen Mürbeteig gießen, glatt streichen und mindestens 1 Stunde kalt stellen.

4 Die Gelatine in kaltem Wasser einweichen. In der Zwischenzeit das Kompott in einem kleinen Topf erhitzen. Die Gelatine gut ausdrücken, im warmen Kompott auflösen, auf den festen Kuchen gießen und glatt streichen. Mit den Blaubeeren garnieren.

Mein Tipp: Dieser Kuchen ist fast schon eine Praline. Die Füllung ist von einer klassischen Trüffel-Canache abgeleitet.

Basilikum-Erdbeertorte
Bella Italia

1 Für den Mürbeteig die Butter in kleine Würfel schneiden. Butter mit den restlichen Zutaten verkneten, bis keine Butterstücke mehr zu sehen sind. Den Teig in Frischhaltefolie einwickeln und etwa 30 Minuten kalt stellen.

2 Den Teig zwischen Frischhaltefolie dünn ausrollen. Die Springform mit Butter einfetten und mit dem braunen Zucker leicht bestreuen. Den ausgerollten Teig in die Form legen, leicht andrücken und nochmals kalt stellen. Den Ofen auf 170 °C vorheizen. Den Mürbeteig etwa 15 Minuten backen.

3 Den Mürbeteig mit 50 g Erdbeermarmelade bestreichen, den Biskuitboden darauflegen und mit der restlichen Marmelade bestreichen. Die Schokolade auf dem Wasserbad schmelzen. Die Gelatine für etwa 20 Minuten in kaltem Wasser einweichen.

4 In der Zwischenzeit das Basilikum waschen, die Blättchen zupfen und beiseitestellen. Die Sahne leicht erhitzen, die gut ausgedrückte Gelatine in der warmen Sahne auflösen. Die geschmolzene Schokolade zur Sahne geben und umrühren, bis sich die Schokolade vollständig aufgelöst hat, kalt stellen. Das Basilikum mit dem Quark pürieren, den Puderzucker zugeben und aufschlagen. Die angezogene Sahne nochmals aufschlagen und den Basilikumquark unterrühren. Die Masse mit der Zitronenschale und dem Vanillemark abschmecken. Die Masse auf den Biskuitboden streichen und mit den Erdbeeren belegen. Die Torte für etwa 3 Stunden kalt stellen.

Zutaten

Für den Mürbeteig
225 g eiskalte Butter
360 g Mehl (Type 405)
120 g Puderzucker
20 g Speisestärke
1 ½ Pck. Vanillezucker
1–2 Eigelb
Abrieb von 1 Bio-Zitrone
1 Prise Salz

Butter für die Form
2–3 EL brauner Zucker für die Form

1 Biskuitboden

Für den Belag
100 g Erdbeermarmelade
100 g weiße Schokolade
5 Blatt Gelatine
8–10 Stängel Basilikum
250 g Sahne
250 g Quark (40 % Fett i. Tr.)
100 g Puderzucker
Schale von 1–2 Bio-Zitronen
Mark von 1 Vanilleschote
2 Schalen Erdbeeren (etwa 400 g)

Springform, Ø 28 cm

Mein Tipp: Besonders schön ist es, wenn man die Torte mit weißen Schokoladenspänen und Basilikum dekoriert. Dazu noch einen Veneto Sprizz und man hat einen kurzen italienischen Urlaubsmoment.

Waldbeeren-Tarte

mit Tonkabohne

1 Für den Mürbeteig die Butter in kleine Würfel schneiden. Butter mit den restlichen Zutaten verkneten, bis keine Butterstücke mehr zu sehen sind. Den Teig in Frischhaltefolie einwickeln und etwa 30 Minuten kalt stellen.

2 Den Teig zwischen Frischhaltefolie dünn ausrollen. Die Springform mit Butter einfetten und mit dem braunen Zucker leicht bestreuen. Den ausgerollten Teig in die Form legen, leicht andrücken und nochmals kalt stellen. Den Ofen auf 170 °C vorheizen. Den Mürbeteig etwa 15 Minuten backen.

3 Die Gelatine in etwas kaltem Wasser einweichen und beiseitestellen. Die Sahne, den Zucker und den Abrieb von ½ Tonkabohne in einem kleinen Topf erhitzen. Die Eier nach und nach unter die warme Sahne rühren, leicht köcheln lassen, bis die Masse leicht andickt. Die Gelatine gut ausdrücken und in der warmen Sahne auflösen. Zum Schluss die Crème double unterrühren und für 30 Minuten kalt stellen.

4 Den Ofen auf 90 °C vorheizen. Die Beeren auf dem Mürbeteig verteilen, die Tartemasse darüber verteilen und glatt streichen. Die Tarte auf mittlerer Schiene etwa 35 Minuten backen.

5 Vor dem Servieren mit braunem Zucker bestreuen und unter dem Grill im Ofen karamellisieren.

Zutaten

Für den Mürbeteig
225 g eiskalte Butter
360 g Mehl (Type 405)
120 g Puderzucker
20 g Speisestärke
1 ½ Pck. Vanillezucker
1–2 Eigelb
Abrieb von 1 Bio-Zitrone
1 Prise Salz

Butter für die Form
2–3 EL brauner Zucker für die Form

Für die Füllung
2 Blatt Gelatine
150 g Sahne
140 g Zucker
½ Tonkabohne
6 Eier
150 g Crème double oder
Crème fraîche
175 g gemischte Beeren
(z. B. Brombeeren, Himbeeren,
Johannisbeeren)
brauner Zucker zum Karamellisieren

Springform, Ø 28 cm

Williams-Birnen-Kuchen

Ein Stück Südtirol!

Zutaten

Für den Mürbeteig

225 g eiskalte Butter
360 g Mehl (Type 405)
120 g Puderzucker
20 g Speisestärke
1 ½ Pck. Vanillezucker
1–2 Eigelb
Abrieb von 1 Bio-Zitrone
1 Prise Salz

Butter für die Form
2–3 EL brauner Zucker für die Form

1 Biskuitboden

Für den Belag

3 Birnen
70 g Birnenmarmelade oder -Frucht-
aufstrich
350 g Sahne
150 g Zucker
120 g Butter
Mark von 2 Vanilleschoten
350 ml Schmand oder Crème fraîche
4 Eier
50 g Vanille-Puddingpulver
80 g Aprikotur (siehe Seite 23)

Springform, Ø 28 cm

1 Für den Mürbeteig die Butter in kleine Würfel schneiden. Butter mit den restlichen Zutaten verkneten, bis keine Butterstücke mehr zu sehen sind. Den Teig in Frischhaltefolie einwickeln und etwa 30 Minuten kalt stellen.

2 Den Teig zwischen Frischhaltefolie dünn ausrollen. Die Springform mit Butter einfetten und mit dem braunen Zucker leicht bestreuen. Den ausgerollten Teig in die Form legen, leicht andrücken und nochmals kalt stellen.

3 Den Biskuitboden auf den ausgerollten Mürbeteig in der Springform legen. Die Form beiseitestellen. Die Birnen schälen, halbieren und das Kerngehäuse entfernen. Die Birnenhälften mit der Marmelade füllen und mit der Schnittfläche nach unten auf den Biskuitboden legen.

4 Den Ofen auf 160 °C vorheizen. Sahne mit Zucker, Butter und Vanillemark aufkochen. Schmand mit Eiern und Vanille-Puddingpulver glatt rühren. Die Schmandmasse schnell unter die heiße Sahne rühren. Die Vanillecreme auf dem belegten Boden verteilen und glatt streichen. Den Kuchen auf mittlerer Schiene etwa 45 Minuten backen. Aus dem Ofen nehmen, auskühlen lassen und mit der Aprikotur bestreichen.

Kokos-Raffaelo-Torte

Das >>blonde Vollblutweib<< unter den Kuchen

Zutaten

Für den Schokoladenmürbeteig

125 g kalte Butter
200 g Mehl
1 Prise Salz
25 g gemahlene Haselnüsse
10 g Kakaopulver
½ TL Vanillezucker
75 g Puderzucker
1 Ei

Butter für die Form
2–3 EL brauner Zucker für die Form

Für den Belag

300 g weiße Schokolade
6 Blatt Gelatine
250 ml Kokosmilch (20 %)
400 g Sahne
Abrieb von 1 Bio-Zitrone
Mark von ½ Vanilleschote
2 cl Batida de Coco
250 g frische Himbeeren
250 g Raffaello

Springform, Ø 28 cm

1 Für den Schokoladenmürbeteig die Butter in kleine Würfel schneiden und mit Mehl, Salz, Haselnüssen, Kakaopulver, Vanillezucker, Puderzucker und Ei verkneten, bis keine Butterstückchen mehr zu sehen sind. Den Teig in Frischhaltefolie einwickeln und für 30 Minuten kalt stellen.

2 Den Mürbeteig zwischen zwei frischen Bahnen Frischhaltefolie dünn ausrollen. Eine Springform mit etwas Butter ausbuttern und mit etwas braunem Zucker leicht bestreuen. Den ausgerollten Teig in die Form legen und leicht andrücken. Nochmals für 10 Minuten kalt stellen. Den Backofen auf 170 °C vorheizen. Den Boden etwa 20 Minuten auf mittlerer Schiene backen.

3 50 g weiße Schokolade schmelzen und den Schokoladenmürbeteig mit der geschmolzenen Schokolade bestreichen und kalt stellen. Die Gelatine in kaltem Wasser einweichen. Kokosmilch, Sahne, Zitronenschale, Vanillemark und Likör erwärmen. Die Gelatine gut ausdrücken und in der heißen Kokosmilch auflösen. Die restliche weiße Schokolade zur Kokosmilch geben und so lange rühren, bis die Schokolade vollständig geschmolzen ist.

4 Die Kokosmilchmasse auf den abgekühlten Schokoladenmürbeteig gießen und glatt streichen. Wenn die Masse halbfest ist, die Himbeeren und die Raffaello leicht in die Masse drücken und 1 Stunde kalt stellen.

Mein Tipp: Diese Torte schmeckt im Sommer am besten, wenn sie vor dem Servieren 30 Minuten im Eisfach stand.

Knuspermüsli-Torte

Hüftgold im Müslimantel

1 Die Gelatine etwa 20 Minuten in kaltem Wasser einweichen. Die Schokolade auf dem Wasserbad schmelzen. In der Zwischenzeit das Müsli mahlen und mit dem Traubenkernöl mischen. Die geschmolzene Schokolade zum Müsli geben und gut vermischen. Die Müsli-Schokoladen-Masse in die gefettete, mit Zucker bestreute Springform füllen, glatt streichen und kalt stellen.

2 Quark, 200 g Sahne und Zucker aufschlagen. Die restliche Sahne in einen Topf erwärmen, die gut ausgedrückte Gelatine darin auflösen. Die Gelatine unter den Quark heben und kalt stellen.

3 Die Mango schälen, in kleine Würfel schneiden und mit dem Passionsfruchtmark mischen. Den angezogenen Quark mit dem Handmixer aufschlagen und die Mangowürfel darunter heben. Die Masse auf dem hart gewordenen Boden verteilen und glatt streichen. Die Torte nochmals für 2 Stunden kalt stellen.

Zutaten

6 Blatt Gelatine

75 g weiße Schokolade

100 g Knuspermüsli

1–2 EL Traubenkernöl

500 g Quark (40 % Fett i. Tr.)

300 g Sahne

80 g Zucker

1 frische Mango

30 g Passionsfruchtmark

Springform, Ø 28 cm, gefettet und mit Zucker bestreut

Mein Tipp: Diese Torte schmeckt einfach richtig g… Ich kaufe mir eine richtige gute Flugmango bei »Christl« am Viktualienmarkt und schneide sie mir dazu – ein Wahnsinnsdessert!

Croissant-Krapfen-Auflauf

mit Marillen

1 Die Marillen waschen, halbieren und entsteinen. Die Butter in
einem flachen Topf schmelzen und 60 g Zucker darin auflösen. Wenn
der Zucker aufgelöst ist, die halbierten Marillen darin glasieren und
mit dem Marillenschnaps ablöschen.

2 Die Croissants und die Krapfen in Scheiben schneiden. Eine Auflaufform einfetten und mit 20 g Zucker auszuckern. Abwechselnd
Croissants, Krapfen und die glasierten Marillen in die Form schichten.

3 Den Backofen auf 160 °C vorheizen. Sahne, Eier, restlichen Zucker,
Vanillemark, Zimt und Zitronenschale zu einer Royal verrühren, über
die Croissants, Krapfen und Marillen gießen und mit den Mandeln und
dem braunen Zucker bestreuen. Im Backofen auf mittlerer Schiene im
Wasserbad etwa 45 Minuten backen.

Zutaten

500 g Marillen
80 g Butter
180 g Zucker
4 cl Marillenschnaps
2 Croissants
2 Krapfen
500 g Sahne
5 Eier
Mark von 1 Vanilleschote
etwas Zimt
Schale von ½ Bio-Zitrone
30 g gemahlene Mandeln
30 g brauner Zucker

Butter für die Form

Auflaufform

Mein Tipp: Dieses Rezept ähnelt dem von Kirsch-
michel oder Scheiterhaufen. Meine Mutter hat es immer als »Reste-
verwertung« vom Vortag für uns Kinder gemacht – und ich liebe
es. Bei uns schmeckt dieser Kuchen jedes Mal anders: Wir wech-
seln immer wieder die Zutaten: mal Krapfen, mal Brioche, mal
Auszogne …

Fruchtige
Kuchen & Tartes

Das sind im Sommer in meinen Betrieben immer die Renner.
Hauptsache Obst! Das Wichtigste ist die Qualität des Obstes.
Bitte, bitte nicht sparen – man schmeckt es einfach.
Ich warte zum Beispiel immer auf die ersten bayrischen,
süssen Erdbeeren, davor gibt es bei mir einfach
keinen Erdbeerkuchen.

Bananen-Kirsch-Kuchen

Für alle KiBa-Fans!

1 Den Ofen auf 160 °C vorheizen. Butter mit Puderzucker etwa 5 Minuten aufschlagen. Eier nach und nach unter die Buttermasse rühren. Die Kirschen waschen und entsteinen. Die Bananen mit einer Gabel zerdrücken und mit dem braunen Zucker bestreuen.

2 Mehl und Backpulver vermischen und in eine Schüssel sieben. Zuerst den Quark, dann das Mehl unter die Butter-Ei-Masse rühren. Zum Schluss die zerdrückten Bananen und die Kirschen unter die Masse heben. Den Teig in die gefettete Springform füllen und auf mittlerer Schiene etwa 60 Minuten backen.

3 In der Zwischenzeit den Karamell kochen. Dazu die kalte Butter in kleine Würfel schneiden. Sahne, Zucker und 100 ml Wasser erhitzen, aber nicht kochen. Wenn die Masse leicht goldbraun und leicht dicklich wird, die kalte Butter unterrühren. Den Karamell auf den fertig gebackenen Kuchen gießen und auskühlen lassen.

Zutaten

Für den Kuchen

250 g Butter

250 g Puderzucker

4 Eier

150 g frische Kirschen (oder abgetropfte aus dem Glas)

4 reife Bananen

20 g brauner Zucker

300 g Mehl

2 TL Backpulver

200 g Quark

Für den Karamell-Guss

100 g kalte Butter

100 g Sahne

300 g Zucker

Springform, Ø 28 cm, gefettet

Mein Tipp: Der Kuchen ist die Idee von meinem Sohn Vincent, der KiBa (Kirsch-Bananen-Saft) liebt. Ich warte immer, bis die Bananen braun werden, dann schmeckt der Kuchen richtig intensiv.

Gedeckter Apfelkuchen

Schmeckt auch klassisch mit Zuckerguss!

1 Für den Mürbeteig die Butter in kleine Würfel schneiden. Butter mit den restlichen Zutaten verkneten, bis keine Butterstücke mehr zu sehen sind. Den Teig in Frischhaltefolie einwickeln und etwa 30 Minuten kalt stellen.

2 Äpfel schälen, entkernen und in 1 cm große Würfel schneiden. Die Butter in einem Topf erhitzen, die Apfelwürfel hinzugeben und mit dem Zucker bestreuen. Die Äpfel kurz glasieren, anschließend Zimt, Rum, Zitrusfruchtabrieb, Zitronensaft, Mandeln und Rosinen zu den Äpfeln geben. Etwa 5 Minuten weich schmoren, anschließend in einem Sieb gut abtropfen lassen.

3 Den Ofen auf 160 °C vorheizen. Die Hälfte des Mürbeteigs zwischen Frischhaltefolie ausrollen und in eine ausgebutterte, mit Zucker bestreute Form legen. Die Äpfel gleichmäßig auf dem Boden verteilen. Sahne mit Crème fraîche glatt rühren und auf den Äpfeln verteilen. Die zweite Hälfte des Mürbeteigs ausrollen, die Äpfel damit bedecken und mit der Gabel einstechen. Den Mürbeteig mit dem verquirlten Ei bestreichen und etwa 1 Stunde goldbraun backen.

Zutaten

Für den Mürbeteig
225 g eiskalte Butter
360 g Mehl (Type 405)
120 g Puderzucker
20 g Speisestärke
1 ½ Pck. Vanillezucker
1–2 Eigelb
Abrieb von 1 Bio-Zitrone
1 Prise Salz

Butter für die Form
2–3 EL brauner Zucker für die Form

Für den Belag
1 kg Äpfel (z. B. Boskop, Braeburn, Pinova)
50 g Butter, 50 g Zucker
½ TL Zimt, 2 cl Rum
Schale von je 1 Bio-Orange und Bio-Zitrone
1 EL Zitronensaft
60 g Mandelblättchen
60 g Rosinen
30 g Sahne, 50 g Crème fraîche
1 Ei

Springform, Ø 28 cm

Mein Tipp: Sie können den Apfelkuchen auch gerne mit Streuseln machen. Ich serviere ihn sehr gerne mit Preiselbeersahne. Dazu einfach Preiselbeeren unter die geschlagene Sahne heben.

Apfel-Haselnuss-Tarte

Ein echtes Schnellrezept

Zutaten

Für den Mürbeteig

225 g eiskalte Butter
360 g Mehl (Type 405)
120 g Puderzucker
20 g Speisestärke
1 ½ Pck. Vanillezucker
1–2 Eigelb
Abrieb von 1 Bio-Zitrone
1 Prise Salz

Butter für die Form
2–3 EL brauner Zucker für die Form

Für den Belag

150 g gemahlene Haselnüsse
150 g Butter
75 g Zucker
3 Eier (150 g)
5 große Äpfel (z. B. Cox, Royal Gala oder Pinova)
50 g Butter
1 Ei
100 g Aprikotur (siehe Seite 23)

Springform, Ø 28 cm

1 Für den Mürbeteig die Butter in kleine Würfel schneiden. Butter mit den restlichen Zutaten verkneten, bis keine Butterstücke mehr zu sehen sind. Den Teig in Frischhaltefolie einwickeln und etwa 30 Minuten kalt stellen.

2 Den Teig zwischen Frischhaltefolie dünn ausrollen. Die Springform mit Butter einfetten und mit dem braunen Zucker leicht bestreuen. Den ausgerollten Teig in die Form legen, leicht andrücken und nochmals kalt stellen. Den Ofen auf 170 °C vorheizen. Den Mürbeteig etwa 15 Minuten backen.

3 Die Haselnüsse in einer Pfanne ohne Öl kurz anrösten, abkühlen lassen und beiseitestellen. Die Butter mit dem Zucker in einer Schüssel kurz aufschlagen und die gerösteten Haselnüsse unterheben. Die Eier nach und nach unterrühren.

4 Den Ofen auf 160 °C vorheizen. Die Haselnusscreme auf dem vorgebackenen Mürbeteig verteilen und glatt streichen. Die Äpfel schälen, Kerngehäuse entfernen und in feine Spalten schneiden. Die Äpfel spiralförmig von außen und innen auf die Haselnusscreme verteilen. Die Tarte auf der mittleren Schiene 9 Minuten backen.

5 In der Zwischenzeit die Butter in einem Topf schmelzen. Die Tarte mit der Butter bestreichen und weitere 20 Minuten backen. Das Ei mit einer Gabel verquirlen. Kurz vor dem Backende die Tarte mit dem verquirlten Ei bestreichen und noch 5 Minuten backen. Die Tarte auskühlen lassen, mit der Aprikotur bestreichen und trocknen lassen.

Rahmtorte »Birne Helene«

Inspiriert von meinem Lieblingseisbecher

Zutaten

Für den Schokoladenmürbeteig

125 g kalte Butter
200 g Mehl
1 Prise Salz
25 g gemahlene Haselnüsse
10 g Kakaopulver
½ TL Vanillezucker
75 g Puderzucker
1 Ei

Butter für die Form
2–3 EL brauner Zucker für die Form

Für den Belag

200 g Birnen (a. d. Dose)
25 g Semmelbrösel
25 g Vanille-Puddingpulver
375 g Schmand
90 g Zucker
3 Eier
Abrieb von einer ½ Bio-Zitrone
etwas Vanillemark
250 g geschlagene Sahne

Springform, Ø 28 cm

1 Die Butter in kleine Würfel schneiden und mit Mehl, Salz, Haselnüssen, Kakaopulver, Vanillezucker, Puderzucker und Ei verkneten, bis keine Butterstückchen mehr zu sehen sind. Den Teig in Frischhaltefolie einwickeln und für 30 Minuten im Kühlschrank ruhen lassen.

2 Den Mürbeteig zwischen zwei frischen Bahnen Frischhaltefolie dünn ausrollen. Eine Springform mit etwas Butter ausbuttern und mit etwas braunem Zucker leicht bestreuen. Den ausgerollten Teig in die Form legen und leicht andrücken. Die Kuchenform für 10 Minuten kalt stellen. Den Backofen auf 170 °C vorheizen. Den Boden im Backofen etwa 20 Minuten backen.

3 Die Birnen gut abtropfen lassen und in dünne Spalten schneiden. Semmelbrösel auf den Mürbeteig geben und die Birnenspalten darauf verteilen. Puddingpulver, Schmand und Zucker gut vermischen. Die Eier unter die Schmandmasse rühren, mit der Zitronenschale und Vanillemark abschmecken. Die geschlagene Sahne unter die Schmandmasse heben. Auf den Birnen verteilen und im Ofen bei 120 °C etwa 1 Stunde backen.

Mein Tipp: Sie können den Kuchen auch mit Aprikotur bestreichen und mit gerösteten Mandeln bestreuen.

Lieblingsrezept

Meine Lieblingszwetschge

Unübertroffen!

Ich habe schon so viele Zwetschgenkuchen-Rezepte ausprobiert, aber ich komme immer wieder auf dieses hier zurück!

Zutaten

Für den Mürbeteig
225 g eiskalte Butter
360 g Mehl (Type 405)
120 g Puderzucker, 20 g Speisestärke
1 ½ Pck. Vanillezucker
1–2 Eigelb
Abrieb von 1 Bio-Zitrone
1 Prise Salz

Butter für die Form
2–3 EL brauner Zucker für die Form

Für den Rührteig
120 g weiche Butter
60 g Puderzucker
3 Eier
60 g Zucker, 1 Prise Salz
120 g Mehl (Type 550)
1 Prise Zimt
Abrieb von 1 Bio-Zitrone
2 cl Rum

Für die Streusel
50 g kalte Butter
50 g Mehl
50 g Zucker
50 g gemahlene Mandeln
1 Prise Salz, etwas Vanillemark

Springform, Ø 28 cm

1 Für den Mürbeteig die Butter in kleine Würfel schneiden. Butter mit den restlichen Zutaten verkneten, bis keine Butterstücke mehr zu sehen sind. Den Teig in Frischhaltefolie einwickeln und etwa 30 Minuten kalt stellen.

2 Den Teig zwischen Frischhaltefolie dünn ausrollen. Die Springform mit Butter einfetten und mit dem braunen Zucker leicht bestreuen. Den ausgerollten Teig in die Form legen, leicht andrücken und nochmals kalt stellen. Den Ofen auf 170 °C vorheizen. Den Mürbeteig etwa 15 Minuten backen.

3 Für den Rührteig die Butter mit dem Puderzucker cremig aufschlagen. Die Eier trennen. Nach und nach das Eigelb zur Buttermasse geben. Eiweiß mit Zucker und Salz steif schlagen. Mehl, Zimt, Zitronenabrieb und Rum vorsichtig unter die Eigelbmasse heben. Anschließend das steif geschlagene Eiweiß unterheben.

4 Den Rührteig auf dem Mürbeteig verteilen. Die Zwetschgen halbieren, entsteinen, dachziegelartig darauf verteilen. Die kalte Butter für die Streusel in kleine Würfel schneiden. Das Mehl in eine Schüssel sieben, die anderen Zutaten hinzugeben und zwischen den Handflächen krümelig verreiben. Die Streusel auf den Pflaumen verteilen. Den Kuchen auf mittlerer Schiene etwa 35 Minuten backen.

Zwetschge pur

Ich bin kein Freund von klassischem Datschi! Er ist mir einfach zu
»leer«. Viel lieber ist mir meine Lieblingszwetschge: schön saftig,
richtig voll und trotzdem Zwetschge pur!

Ganz egal ,ob mit oder ohne Streusel, Sahne oder Rahmeis dazu
und fertig ist für mich der wahrscheinlich beste Zwetschgenkuchen
der Welt. Zum Kuchen passen als Belag alle Arten von Streuseln:
von klassisch bis Mandelstreusel oder Marzipanstreusel – probieren
Sie einfach aus, was Ihnen am besten schmeckt. Ich mache auch
gerne Streusel aus dem Plätzchenteig meiner Oma – am liebsten
aus den Schneeflocken (siehe Seite 80).

Bei mir im Moarwirt serviere ich ganz gerne zu Kirchweih als
Dessert eine Bayrisch Creme von der Zwetschge, wobei ich kurz
vor dem Festwerden noch Stücke von diesem Lieblingskuchen
versenke. Einfach unglaublich lecker!

Bayrisch Creme von der Zwetschge

Für die Bayrisch Creme von der Zwetschge bereite ich eine klassische Bayrisch Creme zu (siehe Seite 79), aber mit der Hälfte der
Gelatine. Wenn die Creme anfängt zu gelieren, schneide ich den
Zwetschgenkuchen in haselnussgroße Stücke und hebe diese unter
die Bayrisch Creme.

Perfekt dazu passt warmer Zwetschgenröster: Zwetschgen einfach
kurz in braunem Zucker mit Zimtstange und/oder Zitronenzesten
glasieren und mit einem Schluck Rotwein ablöschen.

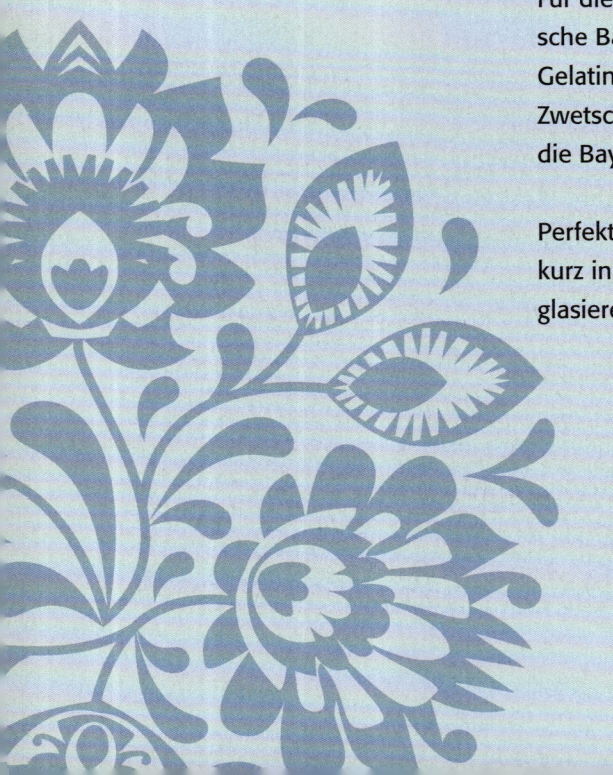

Erdbeer-Streuselkuchen
mit Rhabarber

1 Für den Rührteig die Butter mit dem Zucker und dem Vanillezucker in einer Schüssel schaumig rühren. Das Eigelb nach und nach unter die Buttermasse rühren. Wiener Griessler, Backpulver, Speisestärke und Zimt miteinander mischen. Die Wiener-Griessler-Mischung nach und nach zur Butter geben und vorsichtig unterheben. Zum Schluss vorsichtig die Crème fraîche unter die Masse heben.

2 Für die Streusel die kalte Butter in kleine Würfel schneiden. Das Mehl in eine Schüssel sieben und die anderen Zutaten hinzugeben. Zwischen den Handflächen zu Streuseln verreiben.

3 Für den Belag den Rhabarber in gleich große Stücke schneiden. Vom Zitronensaft einen 1 EL zurück behalten. Den restlichen Zitronensaft in einem Topf erwärmen. Speisestärke mit dem zurückgehaltenen Zitronensaft glattrühren. Zucker zum warmen Zitronensaft geben. Die angerührte Speisestärke in den Zitronensaft rühren und kurz aufkochen. Den Rhabarber zum Zitronensaft geben und weich kochen. Kurz bevor der Rhabarber weich ist, die Erdbeeren hinzugeben und 2 Minuten weich kochen.

4 Den Ofen auf 160 °C vorheizen. Die Springform einfetten, die Hälfte des Rührteigs hineinfüllen und glatt streichen. Den gekochten Rhabarber-Erdbeer-Mix auf dem Rührteig verteilen und mit dem restlichen Rührteig bedecken. Die kalten Streusel auf dem Rührteig verteilen. Den Kuchen auf mittlerer Schiene etwa 1 Stunde backen.

Zutaten

Für den Rührteig

110 g Butter
220 g Zucker
40 g Vanillezucker
2 Eigelb
180 g Wiener Griessler
2 TL Backpulver
2 EL Speisestärke
1 Prise Zimt
180 g Crème fraîche

Für die Streusel

30 g kalte Butter
40 g Mehl
80 g Zucker
1 Prise Salz
1 Prise Zimt

Für den Belag

300 g roter Rhabarber, geputzt
Abrieb und Saft von 1 Bio-Zitrone
2 EL Speisestärke
110 g Zucker
300 g Erdbeeren (gleich groß)

Butter für die Form

Springform, Ø 28 cm

Erdbeer-Rhabarber-Kuchen

Das Beste aus Erdbeeren

Zutaten

110 g Butter

220 g Zucker

2 Eier

180 g Wiener Griessler

2 TL Backpulver

4 EL Speisestärke

40 g Vanillezucker

1 Prise Zimt

180 g Crème fraîche

300 g roter Rhabarber, geputzt

Abrieb und Saft von 1 Bio-Zitrone

300 g Erdbeeren
(möglichst gleich groß)

Backblech, mit Backpapier belegt

1 Für den Teig die Butter mit 110 g Zucker in einer Schüssel schaumig rühren. Die Eier nach und nach unter die Buttermasse rühren. Wiener Griessler, Backpulver, 2 EL Speisestärke, Vanillezucker und Zimt vermischen, nach und nach zur Butter geben und vorsichtig unterschlagen. Zum Schluss vorsichtig die Crème fraîche unter die Masse heben. Den Ofen auf 160 °C vorheizen.

2 Den Rhabarber in gleich große Stücke schneiden. Die Schale der Zitrone abreiben und den Saft auspressen. Vom Zitronensaft einen 1 EL zurückbehalten. Den restlichen Zitronensaft in einen Topf erwärmen. 2 EL Speisestärke mit dem EL Zitronensaft glatt rühren. Den restlichen Zucker zum warmen Zitronensaft geben. Die angerührte Speisestärke in den Zitronensaft rühren und kurz aufkochen.

3 Anschließend den Rhabarber zum Zitronensaft geben und weich kochen. Kurz vor dem Ende der Kochzeit die Erdbeeren dazugeben und 2 Minuten weich kochen.

4 Die Hälfte des Rührteigs auf das Backblech geben und glatt streichen. Den gekochten Rhabarber darauf verteilen und mit dem restlichen Rührteig bedecken. Den Kuchen auf mittlerer Schiene etwa 1 Stunde backen.

Erdbeertörtchen

mit Eierlikör

1 Den Backofen auf 160°C vorheizen. Für die Tartlettes das Öl mit dem Eierlikör verrühren. Nach und nach die Eier unter das Öl rühren. Zum Schluss Mehl, Stärke, Puderzucker und Backpulver zur Öl-Eier-Masse geben und gründlich unterrühren. Die Backformen ausbuttern und mit Teig füllen. Die Tartlettes auf mittlerer Schiene etwa 12 Minuten backen.

2 Für die Creme die Eigelbe mit dem Zucker hellschaumig aufschlagen. Das Vanille-Puddingpulver mit 6 EL Milch glatt rühren. Milch und Sahne erwärmen, Mehl, Vanillemark und Puddingpulver zur Milch geben. Die warme Milch zur Eigelb-Zucker-Masse geben und kurz aufschlagen. Die Masse wieder in einen Topf geben und unter ständigem Rühren 2 Minuten köcheln lassen.

3 Die Vanillepudding-Creme auf die Tartlettes geben und mit Erdbeeren oder Himbeeren belegen. Fertig sind die kleinen Kuchen.

Zutaten

Für die Tartlettes

250 ml Sonnenblumenöl

250 ml Eierlikör

5 Eier

125 g Mehl

125 g Speisestärke

250 g Puderzucker

3 TL Backpulver

Butter für die Formen

Für die Vanillepudding-Creme

6 Eigelb

100 g Zucker

40 g Vanille-Puddingpulver

250 ml Milch

250 g Sahne

20 g Mehl

Mark von 1 Vanilleschote

300 g Erd- oder Himbeeren

Kleine (Tartlette-)Backformen

Mein Tipp: Sollte kein Eierlikör im Haus sein, können Sie stattdessen auch einen anderen Likör oder frischen Orangensaft verwenden.

Erdbeertarte

mit Vanillecreme

1 Für den Mürbeteig die Butter in kleine Würfel schneiden. Butter mit den restlichen Zutaten verkneten, bis keine Butterstücke mehr zu sehen sind. Den Teig in Frischhaltefolie einwickeln und etwa 30 Minuten kalt stellen.

2 Den Teig zwischen Frischhaltefolie dünn ausrollen. Die Springform mit Butter einfetten und mit dem braunen Zucker leicht bestreuen. Den ausgerollten Teig in die Form legen, leicht andrücken und nochmals kalt stellen. Den Ofen auf 170 °C vorheizen. Den Mürbeteig etwa 15 Minuten backen.

3 Die Gelatine in kaltem Wasser einweichen und beiseitestellen. 3 EL Sahne mit dem Vanille-Puddingpulver glatt rühren. Restliche Sahne mit dem Zucker und Vanillemark aufkochen. Das angerührte Vanille-Puddingpulver in die heiße Sahne einrühren und etwa 2 Minuten köcheln lassen.

4 Die Gelatine gut ausdrücken und in der heißen Flüssigkeit auflösen. Das Eigelb vorsichtig in die warme Flüssigkeit einrühren und auf kleinster Stufe etwa 2 Minuten köcheln lassen. Die Vanillecreme kurz auskühlen lassen, in der Zwischenzeit die Erdbeeren putzen.

5 Die kalte Vanillecreme auf den vorgebackenen Mürbeteig streichen und die Erdbeeren daraufsetzen.

Zutaten

Für den Mürbeteig
225 g eiskalte Butter
360 g Mehl (Type 405)
120 g Puderzucker
20 g Speisestärke
1 ½ Päckchen Vanillezucker
1–2 Eigelb
Abrieb von 1 Bio-Zitrone
1 Prise Salz

Butter für die Form
2–3 EL brauner Zucker für die Form

Für den Belag
2 Blatt Gelatine
500 g Sahne (oder 500 ml Milch)
100 g Zucker
Mark von 1 Vanilleschote
4 Eigelb
40 g Vanille-Puddingpulver
400 g frische Erdbeeren

Springform, Ø 28 cm

Mein Tipp: Die Vanillecreme kann man schon vorbereiten und dann sozusagen »à la minute« belegen. Dann muss der Kuchen nur noch 30 Minuten kalt gestellt werden.

Blutorangen-Erdbeer-Tarte

Eine wahre Fruchtbombe!

Zutaten

Für den Mandelmürbeteig

100 g Butter
170 g Mehl
1 Prise Salz
60 g Puderzucker
20 g Mandelgrieß
etwas Zitronenschale
1 Ei

Butter für die Form
2–3 brauner Zucker für die Form

Für den Belag

5 Blatt Gelatine
1–2 Rosmarinzweige
200 ml Blutorangensaft
210 g Zucker
1 Ei
300 g kalte, gewürfelte Butter
500 g kleine Erdbeeren
10–15 Orangenfilets

Springform, Ø 28 cm

1 Die Butter in kleine Würfel schneiden und mit Mehl, Salz, Puder-zucker, Mandelgrieß, Zitronenschale und Ei verkneten, bis keine Butter-stückchen mehr zu sehen sind. Den Teig in Frischhaltefolie wickeln und für 30 Minuten im Kühlschrank ruhen lassen.

2 Den Mürbeteig zwischen zwei frischen Bahnen Frischhaltefolie dünn ausrollen. Eine Springform mit etwas Butter einfetten und mit etwas braunem Zucker leicht bestreuen. Den ausgerollten Teig in die Form legen und leicht andrücken. Die Kuchenform für 10 Minuten kalt stellen. Den Backofen auf 170 °C vorheizen. Den Boden im Backofen etwa 20 Minuten backen.

3 Die Gelatine etwa 15 Minuten in kaltem Wasser einweichen. Rosmarinnadeln von den Zweigen zupfen, waschen und trocknen. Blutorangensaft, den Rosmarin, Zucker und Ei in einem flachen Topf erhitzen und mit dem Handmixer aufschlagen.

4 Die Gelatine gut ausdrücken und in der heißen Masse auflösen, die Masse durch ein Sieb passieren. Die kalte Butter unter die Masse heben, auf dem Mandelmürbeteig verteilen und glatt streichen. Die Tarte etwa 1 Stunde kalt stellen.

5 Die Erdbeeren putzen und auf der leicht angezogenen Tarte verteilen und nochmals 2 Stunden kalt stellen. Danach mit den Orangenfilets garnieren.

Johannisbeerkuchen
mit Baiserhaube

1 Für den Mürbeteig die Butter in kleine Würfel schneiden. Butter mit den restlichen Zutaten verkneten, bis keine Butterstücke mehr zu sehen sind. Den Teig in Frischhaltefolie einwickeln und etwa 30 Minuten kalt stellen.

2 Den Teig zwischen Frischhaltefolie dünn ausrollen. Die Springform mit Butter einfetten und mit dem braunen Zucker leicht bestreuen. Den ausgerollten Teig in die Form legen, leicht andrücken und nochmals kalt stellen. Den Ofen auf 170 °C vorheizen. Den Mürbeteig etwa 15 Minuten backen.

3 Für den Belag 320 ml Milch, Butter, 60 g Zucker, Orangenschale, Orangensaft, Vanillemark und Rum aufkochen. Die Eier trennen. 80 ml Milch mit dem Puddingpulver und dem Eigelb glatt rühren. Das glattgerührte Puddingpulver in die heiße Milch rühren, mit dem Schneebesen aufschlagen und kurz aufkochen. Das Eiweiß mit dem restlichen Zucker und Salz steif schlagen.

4 Topfen, Frischkäse, Schmand und Mascarpone in die Milchmasse einrühren und das Ganze kurz abkühlen lassen. Zum Schluss das Eiweiß und die Johannisbeeren unterheben. Den Kuchen auf 160 °C 20 Minuten backen.

5 Für die Baiserhaube den Zucker mit dem Eiweiß auf dem Wasserbad (60 °C) aufschlagen, auf dem gebackenen Kuchen verteilen und unter dem Grill im Ofen abflämmen.

Zutaten

Für den Mürbeteig
225 g eiskalte Butter
360 g Mehl (Type 405)
120 g Puderzucker
20 g Speisestärke
1 ½ Pck. Vanillezucker
1–2 Eigelb
Abrieb von 1 Bio-Zitrone
1 Prise Salz

Butter für die Form
2–3 EL brauner Zucker für die Form

Für den Belag
400 ml Milch
40 g Butter
120 g Zucker
Saft und Abrieb von 1 Bio-Orange
Mark von 1 Vanilleschote
2 cl Rum
3 Eier
50 g Puddingpulver
Salz
je 75 g Topfen, Frischkäse, Schmand, Mascarpone
250 g Johannisbeeren

Für die Baiserhaube
120 g Zucker
8 Eiweiß (240 g)

Springform, Ø 28 cm

Ribisel-Haselnuss-Kuchen

Ein Kuchen für Puristen

1 Die Butter mit dem Puderzucker, Zimt, Salz und Vanillemark cremig aufschlagen. Die Eier trennen. Das Eiweiß mit dem Zucker steif schlagen und beiseitestellen. Das Eigelb nach und nach zur Buttermasse geben. Den Ofen auf 160 °C vorheizen.

2 Die Haselnüsse in einer Pfanne ohne Öl rösten. Mehl mit Schokoladenblättchen, Biskuitbröseln, Zitronenschale und den kalten Haselnüssen mischen und nach und nach unter die Buttermasse heben. Zum Schluss das steif geschlagene Eiweiß vorsichtig unterheben. Anschließend die Ribisel unter die Masse heben. Die Masse in die gefettete Springform füllen und im vorgeheizten Backofen etwa 1 Stunde backen.

Zutaten

260 g weiche Butter
120 g Puderzucker
1 Prise Zimt
1 Prise Salz
Mark von ½ Vanilleschote
10 Eier
120 g Zucker
260 g gemahlene Haselnüsse
120 g Mehl (Type 550)
160 g Schokoladenblättchen
80 g Biskuitbrösel
etwas Abrieb von 1 Bio-Zitrone
400 g Ribisel (Johannisbeeren)

Springform, Ø 28 cm, gefettet

Mein Tipp: Dieser Kuchen schmeckt auch mit schwarzen Johannisbeeren oder Blaubeeren sehr gut.

Bretonischer Marillenkuchen

mit Streuseln

Zutaten

Für den Bretonischen Mürbeteig

225 g eiskalte Salzbutter
360 g Mehl (Type 405)
120 g Puderzucker
18 g Stärke
1 ½ Pck. Vanillezucker
1–2 Eigelb (30 g)
Abrieb von 1 Bio-Zitrone
1 Prise Salz

Butter für die Form
2–3 EL brauner Zucker für die Form

Für den Rührteig

150 g Marzipan
150 g Butter
75 g Zucker
2 Eier
30 g Mehl (Type 405)

Für den Belag

600 g Marillen

Für die Streusel

50 g Butter
100 g Mehl
40 g Zucker
1 Eigelb
1 Prise Salz
etwas Vanillemark

Springform, Ø 28 cm

1 Die Butter in kleine Würfel schneiden. Butter mit Mehl, Puderzucker, Stärke, Vanillezucker, Eigelb, Zitronenabrieb und Salz verkneten, bis keine Butterstücke mehr zu sehen sind. Den Teig in Frischhaltefolie einwickeln und 30 Minuten kalt stellen.

2 Den Mürbeteig zwischen Frischhaltefolie dünn ausrollen. Die Springform mit Butter einfetten und mit braunem Zucker leicht bestreuen. Den ausgerollten Teig in die Form legen und leicht andrücken. Nochmals 10 Minuten kalt stellen. Den Ofen auf 170 °C vorheizen. Den Mürbeteig auf mittlerer Schiene etwa 15 Minuten backen.

3 Für den Rührteig das Marzipan in der Mikrowelle kurz erwärmen. Die Butter mit dem Zucker und dem Marzipan in einer Schüssel schaumig rühren. Die Eier nach und nach unter die Buttermasse rühren. Das Mehl schrittweise vorsichtig unterheben. Den Rührteig auf dem Bretonischen Mürbeteig verteilen.

4 Marillen waschen, halbieren und entsteinen. Von außen nach innen auf dem Teig verteilen und leicht eindrücken.

5 Für die Streusel die kalte Butter in kleine Würfel schneiden. Das Mehl in eine Schüssel sieben, die übrigen Zutaten hinzugeben und zwischen den Händen zu Streuseln verreiben. Die Streusel auf dem Kuchen verteilen und auf mittlerer Schiene bei 160 °C etwa 45 Minuten backen.

Marillen-Mandel-Tarte

perfekt im Spätsommer

Zutaten

Für den Mürbeteig

225 g eiskalte Butter
360 g Mehl (Type 405)
120 g Puderzucker
20 g Speisestärke
1 ½ Pck. Vanillezucker
1–2 Eigelb
Abrieb von 1 Bio-Zitrone
1 Prise Salz

Butter für die Form
2–3 EL brauner Zucker für die Form

Für den Belag

600 g Marillen, entsteint
2 EL gemahlene Mandeln

Für den Guss

100 g Zucker
1 Ei, 2 Eigelb
Mark von 1 Vanilleschote
50 g Sahne
120 g Crème double

Für die Mandelstreusel

60 g kalte Butter
100 g Mehl
80 g Mandelstifte
60 g Zucker
1 EL Honig, 1 Prise Salz
etwas Zimt

Springform, Ø 28 cm

1 Für den Mürbeteig die Butter in kleine Würfel schneiden. Butter mit den restlichen Zutaten verkneten, bis keine Butterstücke mehr zu sehen sind. Den Teig in Frischhaltefolie einwickeln und etwa 30 Minuten kalt stellen.

2 Den Teig zwischen Frischhaltefolie dünn ausrollen. Die Springform mit Butter einfetten und mit dem braunen Zucker leicht bestreuen. Den ausgerollten Teig in die Form legen, leicht andrücken und nochmals kalt stellen. Den Ofen auf 170 °C vorheizen. Den Mürbeteig etwa 15 Minuten backen.

3 Die gemahlenen Mandel in einer Pfanne ohne Öl leicht anrösten und auskühlen lassen. Die Mandeln mit den Marillen mischen und gleichmäßig auf dem Mürbeteig verteilen. Den Ofen auf 160 °C vorheizen.

4 Für den Guss Zucker, Ei, Eigelbe, Vanillemark, Sahne und Crème double verrühren, über die Marillen verteilen und 25 Minuten backen. In der Zwischenzeit die Mandelstreusel herstellen. Dazu die kalte Butter in kleine Würfel schneiden. Das Mehl in eine Schale sieben, die anderen Zutaten hinzugeben und zwischen die Handflächen krümelig verreiben. Die Streusel nach den ersten 25 Minuten auf dem Kuchen verteilen und weitere 20 Minuten backen.

Buchweizen-Torte
mit Preiselbeeren

1 Die Butter mit dem Puderzucker cremig aufschlagen. Die Eier nach und nach dazugeben. Die Haselnüsse in einer Pfanne ohne Öl rösten. Haselnüsse, Buchweizenmehl, Speisestärke, Backpulver und Schokoladenblättchen vermischen und vorsichtig zur Buttermasse geben.

2 Den Ofen auf 160 °C vorheizen. Die Äpfel schälen, Kerngehäuse entfernen, fein reiben und unter die Buttermasse heben. Den Teig in eine Springform füllen und auf 1 Stunde backen.

3 Den Kuchen abkühlen lassen. Die Sahne für die Füllung steif schlagen. Mit Mascarpone, Puderzucker und Butter glatt rühren, die Preiselbeeren unterheben. Anschließend den Kuchen für 2 Böden einmal durchschneiden und die untere Hälfte mit der Preiselbeercreme bestreichen. Den Deckel wieder auf die Preiselbeeren legen. Nach Belieben mit Puderzucker bestreuen und mit Schokolade verzieren.

Zutaten

Für den Kuchen

250 g weiche Butter
200 g Puderzucker
6 Eier
250 g gemahlene Haselnüsse
250 g Buchweizenmehl
2 EL Speisestärke
1 Pck. Backpulver
2 EL Schokoladenblättchen
2 Äpfel

Für die Füllung

250 g Sahne
250 g Mascarpone
40 g Puderzucker
60 g weiche Butter
180 g Preiselbeeren

Springform, Ø 28 cm, gefettet, mit Backpapier ausgelegt

Mein Tipp: Diese Rezeptidee habe ich aus einem Südtirol-Urlaub in Bozen mitgebracht. Die Torte ist wunderbar vorzubereiten und das ganz ohne Mehl!

Schokoladige Verführungen

Man könnte eigentlich ein ganzes Buch über Schokoladenkuchen schreiben – so viele Variationen gibt es! Ich weiss gar nicht, was der beste Schokokuchen war, den ich je gegessen habe – aber sie sind alle lecker. Wichtig ist, dass Sie nur gute Schokolade verbacken.

Nuss-Schokoladenkuchen
mit Birnen

1 Für den Mürbeteig die Butter in kleine Würfel schneiden. Butter mit den restlichen Zutaten verkneten, bis keine Butterstücke mehr zu sehen sind. Den Teig in Frischhaltefolie einwickeln und etwa 30 Minuten kalt stellen.

2 Den Teig zwischen Frischhaltefolie dünn ausrollen. Die Springform mit Butter einfetten und mit dem braunen Zucker leicht bestreuen. Den ausgerollten Teig in die Form legen, leicht andrücken und nochmals kalt stellen. Den Ofen auf 170 °C vorheizen. Den Mürbeteig etwa 15 Minuten backen.

3 Den Puderzucker mit der Butter cremig aufschlagen. Die Eier trennen, das Eiweiß mit dem Zucker steif schlagen und beiseite stellen. Eigelb nach und nach zur Buttermasse geben.

4 Die Haselnüsse ohne Öl in einer Pfanne anrösten und abkühlen lassen. In der Zwischenzeit das Weißbrot zerbröseln und mit den Haselnüssen und dem Kaffeegewürz mischen. Haselnussmischung vorsichtig unter die Buttermasse rühren. Den Ofen auf 160 °C vorheizen.

5 Anschließend die Schokoladenflocken unter die Buttermasse rühren. Das steif geschlagene Eiweiß vorsichtig unterheben. Die Kuchenmasse auf dem vorgebackenen Mürbeteig verteilen und glatt streichen. Die abgetropften Birnenhälften von außen nach innen auf den Teig legen und leicht andrücken (sinken noch leicht ein). Auf mittlerer Schiene etwa 45 Minuten backen.

Zutaten

Für den Mürbeteig
225 g eiskalte Butter
360 g Mehl (Type 405)
120 g Puderzucker
20 g Speisestärke
1 ½ Pck. Vanillezucker
1–2 Eigelb
Abrieb von 1 Bio-Zitrone
1 Prise Salz

Butter für die Form
2–3 EL brauner Zucker für die Form

Für den Nuss-Birnen-Belag
140 g Puderzucker
280 g Butter
8 Eier
140 g Zucker
300 g gemahlene Haselnüsse
100 g Weißbrot
1 EL Kaffeegewürz
160 g Schokoladenflocken
1 Dose Birnen

Springform, Ø 28 cm

Mein Tipp: Wenn Sie steif geschlagenes Eiweiß unter einen Teig rühren, können Sie ein Drittel zügig unterrühren, den Rest vorsichtig unterheben.

Buchweizen-Schokoladenkuchen

mit Nüssen

1 Die Butter mit dem Handrührgerät schaumig aufschlagen, bis die Butter fast weiß ist. Den Puderzucker mit dem Vanillezucker mischen und nach und nach zur Butter geben.

2 Die Eier einzeln zur Buttermasse geben und gründlich unterarbeiten. Die Haselnüsse, das Buchweizenmehl, die Speisestärke und das Backpulver vermischen und vorsichtig unter die Butter heben.

3 Den Ofen auf 160 °C vorheizen. Die Äpfel schälen, Kerngehäuse entfernen, fein reiben und mit den Schokoladenraspeln unter den Teig heben. Die Masse in eine eingefettete Backform füllen und etwa 1 Stunde backen.

Zutaten

200 g Butter

200 g Puderzucker

1 Pck. Vanillezucker

5 Eier

200 g gemahlene Haselnüsse

200 g Buchweizenmehl

2 EL Speisestärke

1 ½ Pck. Backpulver

2 Äpfel

2 EL Schokoladenraspel

Kastenform, gefettet

Mein Tipp: Anstelle der Äpfel nehme ich auch gerne Williamsbirnen aus Südtirol.

Lieblingsrezept

Gelbe-Bete-Kuchen

mit Schokolade

Als Kind hätte ich meiner Mutter den Kuchen vermutlich nach-
geschmissen – unvorstellbar, dass wir als Kinder Betekuchen
gegessen hätten.

Zutaten

375 g vorgegarte Gelbe Bete
(alternativ Weiße oder Rote Bete)
300 ml Olivenöl
5 Eier
280 g Mehl (Type 550)
375 g Zucker
3 TL Backpulver
100 g Kakaopulver + 4 EL zum
Bestreuen
150 g Schokoladenflocken
1 Prise Salz

Kastenform, gefettet und bemehlt

1 Den Ofen auf 175 °C vorheizen. Die Gelbe Bete mit dem Olivenöl
in einer Schüssel fein pürieren. Die Eier nach und nach unter die Gelbe
Bete rühren. Mehl, Zucker, Backpulver, Kakaopulver, Schokoflocken und
Salz miteinander vermischen. Das Bete-Püree hinzufügen. Alles zügig
zu einem glatten Kuchenteig verrühren.

2 Den Kuchenteig in eine Kastenform geben und etwa 1 ¼ Stunden
backen. Den Kuchen gegebenenfalls nach einer Stunde mit Alufolie
abdecken, damit er nicht zu braun wird. Der Kuchen kann in der Mitte
noch etwas feucht sein.

3 Aus dem Ofen nehmen und etwa 20 Minuten auskühlen lassen,
auf ein Kuchengitter stürzen und mit dem Kakaopulver besieben.

Mein Tipp: Dieser Kuchen lässt sich auch gut einfrieren.

Ausgefallene Variationen

Selbstverständlich können Sie für dieses Rezept auch Rote oder Weiße Bete verwenden. Der Kuchen wird einfach immer super-lecker. Der Betekuchen ist auch ohne Probleme gut eine Woche haltbar und bleibt richtig saftig.

Ich backe ihn gerne bei uns im Restaurant als Portionskuchen, Mohr im Hemd mit dicker Schokoladensauce und hausgemachtem Rahmeis. Dazu etwas Säuerliches servieren – wie z. B. marinierte Himbeeren.

Wenn ich den Kuchen in einer Kastenform backe, lasse ich ihn auskühlen, schneide ihn dann quer durch, bestreiche ihn mit Marillenmarmelade, setze die Hälften wieder zusammen und glasiere ihn mit Zartbitterschokolade und fertig ist eine freche Variante der Sachertorte.

Sie können daraus auch den momentan sehr beliebten »halb-flüssigen« Schokoladenkuchen backen. Den Teig dann einfach in kleine Portionsförmchen verteilen, in die Mitte ein kleines Stück Schokolade stecken und etwa 15 Minuten bei 170 °C backen.

Schokoladenkuchen

Der Klassiker aus Frankreich

1 Für den Mürbeteig die Butter in kleine Würfel schneiden. Butter mit den restlichen Zutaten verkneten, bis keine Butterstücke mehr zu sehen sind. Den Teig in Frischhaltefolie einwickeln und etwa 30 Minuten kalt stellen.

2 Den Teig zwischen Frischhaltefolie dünn ausrollen. Die Springform mit Butter einfetten und mit dem braunen Zucker leicht bestreuen. Den ausgerollten Teig in die Form legen, leicht andrücken und noch-mals kalt stellen. Den Ofen auf 170 °C vorheizen. Den Mürbeteig etwa 15 Minuten backen.

3 Den Ofen auf 175 °C vorheizen. Die Kuvertüre mit der Butter auf dem Wasserbad schmelzen. Die Eier und den Vanillezucker hell-schaumig schlagen. Alle weitere Zutaten nach und nach zur Eier-Zucker-Masse geben und gut unterheben. Die Masse auf den vorgebackenen Mürbteig geben, etwa 10 Minuten backen.

Zutaten

Für den Mürbeteig

225 g eiskalte Butter
360 g Mehl (Type 405)
120 g Puderzucker
20 g Speisestärke
1 ½ Pck. Vanillezucker
1–2 Eigelb
Abrieb von 1 Bio-Zitrone
1 Prise Salz

Butter für die Form
2–3 EL brauner Zucker für die Form

Für den Schokoladenbelag

250 g Zartbitterkuvertüre
200 g Butter
4 Eier
100 g Vanillezucker
80 g Mehl
2 gestrichene TL Backpulver
20 g Kakaopulver

Springform, Ø 28 cm

Mein Tipp: Dieses Rezept stammt ursprünglich aus Frankreich: der »gateau au chocolat«. Sie können ihn auch als kleine Portionen und mit flüssigem Schokokern backen. Egal, in welcher Form, der Kuchen liebt Früchte und Beeren. Ich esse dazu am liebsten frische Himbeeren.

Weisser Schokoladen-Kuchen
mit Schmand

Zutaten

Für den Mürbeteig

225 g eiskalte Butter
360 g Mehl (Type 405)
120 g Puderzucker
20 g Speisestärke
1 ½ Pck. Vanillezucker
1–2 Eigelb
Abrieb von 1 Bio-Zitrone
1 Prise Salz

Butter für die Form
2–3 EL brauner Zucker für die Form

Für die Schmand-Schoko-Füllung

200 g weiße Schokolade
1 Orange
1 kg Schmand
1 Pck. Vanille-Puddingpulver
100 g Zucker
1 Prise Salz
2 Eier

Springform, Ø 28 cm

1 Für den Mürbeteig die Butter in kleine Würfel schneiden. Butter mit den restlichen Zutaten verkneten, bis keine Butterstücke mehr zu sehen sind. Den Teig in Frischhaltefolie einwickeln und etwa 30 Minuten kalt stellen.

2 Den Teig zwischen Frischhaltefolie dünn ausrollen. Die Springform mit Butter einfetten und mit dem braunen Zucker leicht bestreuen. Den ausgerollten Teig in die Form legen, leicht andrücken und nochmals kalt stellen. Den Ofen auf 170 °C vorheizen. Den Mürbeteig etwa 15 Minuten backen.

3 Für die Füllung die Schokolade auf dem Wasserbad schmelzen. Schale der Orangen abreiben und die Früchte auspressen. Schmand, Vanille-Puddingpulver, Zucker, Orangenabrieb, Orangensaft und Salz in eine Rührschüssel geben und gründlich vermischen. Die Eier vorsichtig in einer zweiten kleinen Schüssel aufschlagen, dann zum Schmandmix geben und nur leicht untermischen, sodass die Eierstruktur noch erkennbar ist. Die geschmolzene Schokolade unter die Schmandmasse heben.

4 Den Backofen auf 100 °C vorheizen. Die Schmand-Schoko-Füllung auf dem Mürbeteig verteilen und den Kuchen etwa 1 Stunde backen.

Mein Tipp: Dieser Kuchen ist Hüftgold pur und unglaublich lecker. Wichtig ist es, die Schokolade so lange zu rühren, bis wirklich alles aufgelöst ist, dann trennt sich die Schokolade beim Mischen mit den anderen Zutaten nicht.

Marillen-Buchteln
mit weisser Schokoladenfüllung

Zutaten

200 ml Milch
½ Würfel frische Hefe (21 g)
50 g Zucker
1 Bio-Zitrone
50 g Quark
75 g weiche Butter
1 Ei
1 Eiweiß
500 g Mehl
10 g Salz
12 EL Marillenmarmelade
12 kleine Stücke weiße Schokolade

60 g Butter für die Form

Auflaufform

1 Zunächst wird ein Vorteig (Dampferl) hergestellt. Dazu die Milch leicht erwärmen. Die zerbröckelte Hefe und 1 EL Zucker mit der lauwarmen Milch vermischen und etwa 20 Minuten zugedeckt an einem warmen Ort (35 °C) gehen lassen.

2 Die Schale der Zitrone abreiben und die Frucht auspressen. Quark, Butter, Ei, Eiweiß, Mehl, Salz, Zitronenschale und Zitronensaft vermischen. Die Hefe zur Quarkmasse geben und den Teig gut durchkneten, bis er Blasen wirft. Etwa 20 Minuten zugedeckt an einem warmen Ort gehen lassen.

3 Den Teig mit einen Nudelholz 1 cm dick ausrollen. Mit einem Ausstecher (6 cm Durchmesser) ausstechen. In die Mitte der Teigtaler je ein Stücke Schokolade legen, ein 1 EL Marmelade darübergeben und gut verschließen. Die 60 g Butter schmelzen, die Buchteln damit bestreichen und mit der Verschlussstelle nach unten nebeneinander in eine Auflaufform schichten. Mit einen Tuch bedecken und nochmals an einen warmen Ort 15 Minuten gehen lassen.

4 Den Ofen auf 180 °C vorheizen und die Buchteln auf mittlerer Schiene etwa 30 Minuten backen.

Mein Tipp: Die Buchteln schmecken auch mit Zwetschgen, Powidl (Pflaumenmus) oder Kirschen sehr lecker. Dazu passt warme Vanillesauce.

Schoko-Himbeer-Schmandkuchen

Verführerisch gut!

1 Für den Mürbeteig die Butter in kleine Würfel schneiden. Butter mit den restlichen Zutaten verkneten, bis keine Butterstücke mehr zu sehen sind. Den Teig in Frischhaltefolie einwickeln und etwa 30 Minuten kalt stellen.

2 Den Teig zwischen Frischhaltefolie dünn ausrollen. Die Springform mit Butter einfetten und mit dem braunen Zucker leicht bestreuen. Den ausgerollten Teig in die Form legen, leicht andrücken und nochmals kalt stellen. Den Ofen auf 170 °C vorheizen. Den Mürbeteig etwa 15 Minuten backen.

3 Für den Belag Puderzucker und Schmand verrühren. Die Eier so unter den Schmandmix rühren, dass die Eistruktur noch erkennbar ist. Zum Schluss die Schokoladenraspeln und die Himbeeren unterheben.

4 Die Masse auf den vorgebackenen Mürbeteig füllen und auf mittlerer Schiene bei 160 °C etwa 40 Minuten backen.

Zutaten

Für den Mürbeteig
225 g eiskalte Butter
360 g Mehl (Type 405)
120 g Puderzucker
20 g Speisestärke
1 ½ Päckchen Vanillezucker
1–2 Eigelb
Abrieb von 1 Bio-Zitrone
1 Prise Salz

Butter für die Form
2–3 EL brauner Zucker für die Form

Für den Belag
150 g Puderzucker
240 g Schmand
2 Eier
120 g Schokoladenraspel,
zartbitter
120 g frische Himbeeren

Springform, Ø 28 cm

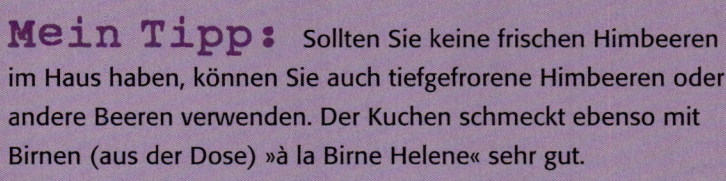

Mein Tipp: Sollten Sie keine frischen Himbeeren im Haus haben, können Sie auch tiefgefrorene Himbeeren oder andere Beeren verwenden. Der Kuchen schmeckt ebenso mit Birnen (aus der Dose) »à la Birne Helene« sehr gut.

Kinder-Schokoladen-Torte

Perfekter Kindergeburtstagskuchen

1 Die Butter in kleine Würfel schneiden. Butter mit den restlichen Zutaten verkneten, bis keine Butterstücke mehr zu sehen sind. Den Teig in Frischhaltefolie einwickeln und etwa 30 Minuten kalt stellen.

2 Den Teig zwischen Frischhaltefolie dünn ausrollen. Die Springform mit Butter einfetten und mit dem braunen Zucker leicht bestreuen. Den ausgerollten Teig in die Form legen, leicht andrücken und nochmals kalt stellen. Den Ofen auf 170 °C vorheizen. Den Mürbeteig etwa 15 Minuten backen.

3 Die Eier trennen. Schokolade und Butter auf dem Wasserbad schmelzen. Eigelb und 125 g Zucker cremig aufschlagen. Die Schokolade unter die Eimasse heben. Mehl, Haselnüsse und Salz vorsichtig unter die Schokoladenmasse heben. Eiweiß mit dem restlichen Zucker steif schlagen und vorsichtig unter die Schokolade heben. Die Schokoladenmasse auf den Mürbeteig verteilen und die Beeren in die Masse drücken. Den Kuchen auf 160 °C etwa 30 Minuten backen.

Zutaten

Für den Mürbeteig
225 g eiskalte Butter
360 g Mehl (Type 405)
120 g Puderzucker
20 g Speisestärke
1 ½ Pck. Vanillezucker
1–2 Eigelb
Abrieb von 1 Bio-Zitrone
1 Prise Salz

Butter für die Form
2–3 EL brauner Zucker für die Form

Für die Füllung
6 Eier
200 g Schokolade
(70 % Kakaoanteil)
250 g weiche Butter
250 g Zucker
100 g Mehl
125 g gemahlene Haselnüsse
1 Prise Salz
400 g Brom-, Erd- oder Himbeeren

Springform, Ø 28 cm

Mein Tipp: Ich verziere den Kuchen zum Geburtstag meines Sohnes Vincent gerne mit Kinderschokoladenriegeln. Dann sieht der Kuchen aus wie eine Ritterburg. Ganz wichtig: ein paar frische Erdbeeren in die Mitte setzen!

Weisse Schokoladentarte

Der Lieblingskuchen
meiner Frau Maria!

1 Für den Schokoladenmürbeteig die Butter in kleine Würfel schneiden und mit Mehl, Salz, Haselnüssen, Kakaopulver, Vanillezucker, Puderzucker und Ei verkneten, bis keine Butterstückchen mehr zu sehen sind. Den Teig in Frischhaltefolie einwickeln und für 30 Minuten kalt stellen.

2 Den Mürbeteig zwischen zwei frischen Bahnen Frischhaltefolie dünn ausrollen. Eine Springform mit etwas Butter ausbuttern und mit etwas braunem Zucker leicht bestreuen. Den ausgerollten Teig in die Form legen und leicht andrücken. Nochmals für 10 Minuten kalt stellen. Den Backofen auf 170 °C vorheizen. Den Boden etwa 20 Minuten auf mittlerer Schiene backen.

3 Den Mürbeteig abkühlen lassen. 100 g Schokolade schmelzen und den Boden damit bestreichen. Danach die frischen Himbeeren auf den Boden verteilen. Die Gelatine in kaltem Wasser einweichen. Die Sahne erwärmen, aber nicht kochen. Die gut ausgedrückte Gelatine in der warmen Sahne auflösen. Anschließend die Schokolade in der Sahne vollständig schmelzen. Frischkäse, Schmand und Mascarpone in die Sahne rühren und mindestens 5 Minuten aufschlagen. Mit den Zitrusschalen und dem Schnaps abschmecken.

4 Die abgekühlte Masse auf den Himbeeren verteilen und glatt streichen. Den Kuchen kalt stellen. Für den Guss die Gelatine einweichen. Das Himbeermark erwärmen und die gut ausgedrückte Gelatine darin auflösen. Auf den Kuchen gießen und gleichmäßig verteilen. Nochmals 1 Stunde kalt stellen. Mit frischen Himbeeren garnieren.

Zutaten

Für den Schokoladenmürbeteig
125 g kalte Butter
200 g Mehl
1 Prise Salz
25 g gemahlene Haselnüsse
75 g Puderzucker
10 g Kakaopulver
½ TL Vanillezucker
1 Ei

Butter für die Form
2–3 EL brauner Zucker für die Form

Für den Belag
450 g weiße Schokolade
350 g Himbeeren
3 Blatt Gelatine
200 g Sahne
100 g Frischkäse
100 g Schmand
100 g Mascarpone
Abrieb von je 1 Bio-Zitrone und Bio-Orange
2 cl Himbeerschnaps

Für den Guss
250 g Himbeermark
3 Blatt Gelatine
150 g Himbeeren

Springform, Ø 28 cm

Eisenkraut-Schokoladentarte

mit frischen Himbeeren

Zutaten

Für den Mürbeteig

225 g eiskalte Butter
360 g Mehl (Type 405)
120 g Puderzucker
20 g Speisestärke
1 ½ Pck. Vanillezucker
1–2 Eigelb
Abrieb von 1 Bio-Zitrone
1 Prise Salz

Butter für die Form
2–3 EL brauner Zucker für die Form

Für den Belag

20 g frisches Eisenkraut
500 g Himbeeren
500 g weiße Schokolade
60 g Himbeermarmelade
300 g Sahne
25 g Glukose (oder Glukosesirup)
60 g Butter

Springform, Ø 28 cm

1 Für den Mürbeteig die Butter in kleine Würfel schneiden. Butter mit den restlichen Zutaten verkneten, bis keine Butterstücke mehr zu sehen sind. Den Teig in Frischhaltefolie einwickeln und etwa 30 Minuten kalt stellen.

2 Den Teig zwischen Frischhaltefolie dünn ausrollen. Die Springform mit Butter einfetten und mit dem braunen Zucker leicht bestreuen. Den ausgerollten Teig in die Form legen, leicht andrücken und nochmals kalt stellen. Den Ofen auf 170 °C vorheizen. Den Mürbeteig etwa 15 Minuten backen.

3 Das Eisenkraut fein hacken, die Hälfte der Himbeeren halbieren und mit dem Eisenkraut mischen. 100 g Schokolade schmelzen, den vorgebackenen Mürbeteig damit bestreichen und kalt stellen. Wenn die Schokolade fest ist, die Himbeermarmelade daraufstreichen und mit den Eisenkraut-Himbeeren belegen.

4 Die Sahne aufkochen, Glukose und die restliche Schokolade unterrühren, bis sich die Schokolade komplett aufgelöst hat. Zum Schluss die Butter unter die Sahne rühren. Schokoladenmasse über die Himbeeren gießen und etwa 2 Stunden kalt stellen. Mit den restlichen Himbeeren belegen.

Mein Tipp: Damit sich die Tarte gut schneiden lässt, 10 Minuten vor dem Anschneiden aus dem Kühlschrank nehmen und das Messer vor dem Schneiden in heißes Wasser tauchen.

Lauwarmer Schokoladenkuchen
mit Crème-brûlée-Kern

Zutaten

Für den Crème-brûlée-Kern

2 Blatt Gelatine
520 g Sahne
180 g Crème fraîche
120 g Zucker
8 Eigelb
etwas Abrieb von 1 Tonkabohne

Für den Schokoladenkuchen

200 g weiche Butter
200 g Puderzucker
200 g dunkle Schokolade
4 Eier
4 Eigelb
55 g Mehl (Type 550)
35 g Kakaopulver
etwas Sahne zum Anrichten
frische Beeren zum Anrichten

12 Metallringe, Ø 3 cm,
Höhe 3,5 cm

1 Für den Crème-brûlée-Kern die Gelatine in kaltem Wasser einweichen. 4 EL Sahne beiseitestellen, die restliche Sahne, Crème fraîche, Zucker und Eigelb in einer Schüssel miteinander verrühren. Den Abrieb der Tonkabohne mit der restlichen Sahne erwärmen, die ausgedrückte Gelatine darin auflösen und zur Sahne-Ei-Masse geben.

2 Den Backofen auf 90 °C vorheizen. Eine Auflaufform mit Frischhaltefolie auslegen und die Crème-brûlée-Masse hineinfüllen. Im vorgeheizten Backofen etwa 1 Stunde garen. Die Form herausnehmen und auskühlen lassen. Nach dem Abkühlen die Form stürzen und die Crème brûlée kurz einfrieren.

3 Den Ofen auf 165 °C vorheizen. Die Metallringe auf ein Backblech mit Backpapier setzten und beiseitestellen. Die Butter mit dem Puderzucker aufschlagen. Die Schokolade schmelzen. Die Eier und die Eigelbe nach und nach zur Buttermasse geben und gut aufschlagen. Die Schokolade hinzugeben. Mithilfe eines Teigschabers Mehl und Kakaopulver unterheben.

4 Die vorbereiteten Förmchen zu ⅔ füllen. Die gefrorene Crème brûlée in 2,5 cm große Würfel schneiden und in die Schokoladenmasse drücken. Auf mittlerer Schiene etwa 10 bis 15 Minuten backen. Vor dem Servieren etwa 2 Minuten auskühlen lassen und mit Sahne und frischen Beeren anrichten.

Mein Tipp: Das Rezept hört sich kompliziert an, ist es aber gar nicht. Der Kuchen lässt sich auch wunderbar vorbereiten und ist ein super Dessert für jede Gelegenheit.

Herzhaft Gebackenes

Dass Backen nicht nur >>süss<< ist, und dass Hüftgold auch in
herzhaften Rezepten steckt, zeigen die folgenden Gerichte,
die alle bei mir im Moarwirt äusserst beliebt sind.

Kartoffelbrot

Schmeckt immer und überall!

1 Die Hefe mit einer Prise Salz in 1 ½ l lauwarmem Wasser (28 °C) in einer Rührschüssel 5 Minuten gehen lassen. Die restlichen Zutaten bis auf das Olivenöl in eine große Schüssel geben, gut miteinander vermischen. Die Hefe und das Olivenöl zugeben und mit den Handmixer 10 Minuten kneten. Den Teig zu zwei Fladen formen, auf ein Backblech geben und 40 Minuten an einem warmen Ort gehen lassen.

2 Den Backofen auf 200 °C vorheizen, das Brot auf der mittleren Schiene 20 bis 25 Minuten backen. Nach dem Backen das Brot nach Belieben mit Meersalz bestreuen.

Zutaten

2 Würfel frische Hefe (84 g)

1 kg Kartoffelflocken (für Kartoffel-püree, z. B. von Pfanni)

1 kg Mehl (Type 550)

Salz

etwas Chilipulver nach Geschmack

4 EL Olivenöl

Meersalz zum Bestreuen nach Belieben

Backblech, mit Backpapier belegt

Mein Tipp: Egal, ob für Picknick, Grillfest oder einfach nur zum Brunchen, das Brot passt immer. Besonders lecker sind dazu noch ein paar Kartoffelwürfel frisch aus der Pfanne und Salbei, den Sie einmal kurz in Butter schwenken.

Moarwirtbrot

Allseits beliebt

Dieses Rezept, das wir im Moarwirt entwickelt haben, kommt einfach immer gut an. Ob zum Grillen oder einfach mit etwas Butter als kleiner Snack – das Brot geht weg wie nix! Am besten gleich die doppelte Menge backen!

Zutaten

200 g frische Peperoni
1 Würfel frische Hefe (42 g)
1 kg Mehl (Type 550)
40 g feines Meersalz
½–1 TL Chiliflocken (je nach Geschmack)
50 ml Olivenöl
Meersalz zum Bestreuen nach Belieben

Backblech, mit Backpapier belegt

1 Die Peperoni waschen, Kerne entfernen und fein schneiden. Die Hefe mit einer Prise Salz in 450 ml lauwarmem Wasser (etwa 28 °C) in einer Schüssel 5 Minuten gehen lassen. Die restlichen Zutaten bis auf das Olivenöl in eine große Schüssel geben, gut miteinander vermischen. Die Hefe und das Olivenöl zugeben und mit den Handmixer 10 Minuten kneten. Den Teig zu zwei Laiben formen, auf ein Backblech geben und 40 Minuten an einem warmen Ort gehen lassen.

2 Den Backofen auf 200 °C vorheizen, die Laibe auf der mittleren Schiene 45 bis 50 Minuten backen. Nach dem Backen das Brot nach Belieben mit Meersalz bestreuen.

Das Moarwirtbrot

… ist aus einer Idee bei einem Kochkurs entstanden. Zufällig war einer der Teilnehmer in dem Kochkurs ein Bäckermeister und ich war gerade am Erzählen, dass wir fast alles ausprobieren bis aufs Brotbacken. Im Handumdrehen war aus dem Kochkurs ein Backkurs geworden, was die anderen Teilnehmer nicht störte, und wir buken drauflos.

Der Bäckermeister zeigte uns im Schnelldurchlauf die wichtigsten Handgriffe und im Nu war unser Moarwirtbrot entstanden, das wir heute unseren Gästen mit meinem Lieblingsspeck von Luis Moser aus dem Sarntal (Südtirol) den Gästen als Brotzeit servieren.

Je länger Sie das Brot gehen lassen (am besten über Nacht im Kühlschrank), umso besser wird es.

Sollte mal etwas vom Brot übrig bleiben, mache ich gerne einen toskanischen Brotsalat mit gezupftem Büffelmozzarella daraus. Dazu einfach das Brot grob würfeln, in Olivenöl mit Knoblauch und Rosmarin anrösten, mit marinierten Kirschtomaten, Basilikum, Mozzarella und viel Olivenöl mischen und genießen.

Roggenbrot

Einfach lecker!

1 Alle 3 Mehlsorten mit dem Salz und dem Koriander mischen. Den Sauerteig mit Hefe und 700 ml Wasser verrühren, die Mehlmischung zugeben und alles gut verkneten. Den Teig etwa 2 Stunden bei Zimmertemperatur, dann über Nacht im Kühlschrank gehen lassen.

2 Am nächsten Tag den Teig nochmals gut durchkneten und zu zwei gleich großen Laiben formen und auf ein Backblech legen. An der Oberfläche kreuzweise einkerben, nochmals 1 bis 2 Stunden gehen lassen. Den Ofen auf 220 °C vorheizen.

3 Die Brote 20 Minuten backen, die Ofentemperatur auf 190 °C reduzieren und 1 weitere Stunden backen. Die Brote auf einem Rost auskühlen lassen.

Zutaten

300 g Roggenbackschrot
(Type 1800)
300 g Roggenmehl (Type 997)
400 g Weizenmehl (Type 550)
1 EL Salz
1 TL gemahlener Koriander
100 g Sauerteig
(aus dem Reformhaus)
1 Würfel frische Hefe (42 g)

Backblech, mit Backpapier belegt

Mein Tipp: Einfach mal selbst Brot backen – es ist gar nicht so kompliziert. Trauen Sie sich einfach!

Sauerteigbrot

Selbst gebacken am besten!

1 Die Hefe in 1,4 l warmem Wasser auflösen, den Sauerteig unterrühren. Das Salz und die Gewürze zugeben. Das Mehl unterheben. An einem warmen Ort etwa 6 Stunden gehen lassen. Über Nacht in den Kühlschrank stellen.

2 Am nächsten Tag den Teig zu zwei Brotlaiben formen, auf ein Backblech legen und 2 Stunden an einem warmen Ort gehen lassen. Den Ofen auf 200 °C vorheizen und eine feuerfeste Schüssel mit Wasser zur Befeuchtung in den Ofen stellen.

3 Das Brot auf mittlerer Schiene 20 Minuten backen. Dann die Ofentemperatur auf 160 °C reduzieren und 1 weitere Stunde backen.

Zutaten

2 Würfel frische Hefe (84 g)
200 g Sauerteig (aus dem Reformhaus)
2 EL Salz
1 EL Brotgewürz (z. B. Fenchelsamen, Koriander, Kümmel)
1,5 kg Roggenmehl
800 g Weizenmehl (Type 550)

Backblech, mit Backpapier belegt

Mein Tipp: Das Brot ist dann fertig gebacken, wenn sich das Geräusch beim Daraufklopfen richtig hohl anhört.

Lauchquiche

Die Quiche mag auch Spinat!

Zutaten

Für den Teig

200 g Mehl
80 g Butter
1 Ei
Salz

Für den Belag

1 Stange Lauch (etwa 250 g)
2 EL Butter
Salz
Pfeffer
1 Prise Macis
1 Knoblauchzehe
50 g kleine Tomaten
5 Eier
250 g Crème fraîche
80 g Sahne
250 g Bergkäse, gerieben

Quicheform, gefettet

1 Mehl, Butter, Ei, 50 ml Wasser und Salz zu einem geschmeidigen Teig verarbeiten und 30 Minuten kalt stellen. Den Lauch putzen, halbieren und in kleine Rauten oder Streifen schneiden und waschen. Den Lauch in etwas Butter anschwitzen und mit den Gewürzen gut abschmecken. Die Tomaten halbieren und zum Lauch geben. Den Teig ausrollen und in die Quicheform legen. Den Lauch auf den Teig verteilen.

2 Den Ofen auf 160 °C vorheizen. Eier, Crème fraîche und Sahne miteinander verrühren und mit Salz und Pfeffer abschmecken. Den Guss über den Lauch gießen und den geriebenen Käse darüber verteilen. Die Quiche auf mittlerer Schiene etwa 30 Minuten backen.

Mein Tipp: Ein wahrer Klassiker, der ein wenig in Vergessenheit geraten ist. Ich kann mich noch gut erinnern, dass dies meine erstes Gericht im Hauswirtschaftsunterricht – meinem Lieblingsschulfach – war, das ich kochen durfte. Danke, Frau Ebler!

Zwiebelkuchen

Zum Törggelen daheim!

1 Mehl, Butter, Ei, 50 ml Wasser und Salz zu einem geschmeidigen Teig verarbeiten und 30 Minuten kalt stellen. Den Teig ausrollen und in die Quicheform legen.

2 Für den Belag die Butter in einer Pfanne erhitzen, die gehackten Zwiebeln in der Butter anschwitzen. Die Knoblauchzehe in die Zwiebeln reiben und kurz mit anschwitzen. Das Ganze mit dem Weißwein ablöschen und einkochen. Die Zwiebelmasse mit den Gewürzen gut abschmecken.

3 Den Ofen auf 160 °C vorheizen. Sahne, Crème fraîche, Eier und Eigelbe miteinander verquirlen. Den Hefeteig noch mal kurz durchkneten und auf einer bemehlten Arbeitsfläche ausrollen. Den ausgerollten Hefeteig in eine Form legen. Die Zwiebelmasse auf dem Hefeteig verteilen. Die Sahnemasse darübergeben. Etwa 30 Minuten auf mittlerer Schiene backen. 10 Minuten vor Ende der Backzeit nach Belieben geriebenen Käse darübergeben.

Zutaten

Für den Teig
200 g Mehl
80 g Butter
1 Ei
Salz

Für den Belag
50 g Butter
350 g gehackte Zwiebeln
1 Knoblauchzehe
50 ml Weißwein
Salz
1 Prise Pimentos
1 Prise Macis
50 g Sahne
250 g Crème fraîche
2 Eier
4 Eigelb
100 g geriebener Käse
(nach Belieben)

Quicheform, gefettet

Mein Tipp: Für einen Speck-Zwiebelkuchen geben Sie 300 g fein geschnittenen Südtiroler Speck beim Anbraten zu den Zwiebeln.

Focaccia Haschee

So heisst Bolognese bei uns

Zutaten

Für die Focaccia (für 2 Stück)

1 Würfel frische Hefe (42 g)
2 TL Zucker
500 ml lauwarme Milch
1 kg Mehl (Type 405 oder 00)
180 g Butter
2 Eier
3 TL Salz
100 ml Olivenöl
1 EL Chiliöl
(alternativ Chiliflocken)

Für den Belag

1 Dose Haschee (Bolognese)
200 g kleine Tomaten
1 Kugel Büffelmozzarella
(etwa 50 g)
etwas frischer Parmesan
etwas frischer Basilikum

(Pizza-)Blech, gefettet

1 Für den Vorteig die zerbröselte Hefe mit zwei Teelöffeln Zucker und der lauwarmen Milch (etwa 28 °C) vermischen. Den Vorteig an einem warmen Ort (max. 35 °C) 15 Minuten zugedeckt gehen lassen. Mehl, Butter, Eier und Salz mit dem Vorteig mischen. Mit der Küchenmaschine zu einem geschmeidigen Teig kneten. Den Hefeteig mit einem Tuch abdecken und nochmals 60 Minuten an einem warmen Ort gehen lassen.

2 Den Teig mit den Händen nochmals kneten, ausrollen und auf ein gefettetes Backblech geben. Den ausgerollten Teig mit dem Fingern eindrücken, etwas Öl darüber verteilen und nochmals 10 Minuten gehen lassen. Den Ofen auf 180 °C vorheizen. Haschee, Tomaten und Büffelmozzarella gleichmäßig auf dem Teig verteilen und 20 Minuten auf mittlerer Schiene backen. Mit Basilikum und gehobeltem Parmesan dekorieren.

Mein Tipp: Sie können die Focaccia natürlich nach Lust und Laune belegen: Im August z. B. mit glasiertem Radicchio, Birnenspalten, Speck und Gorgonzola. Oder einfach mit Parmaschinken und Parmesan.

Zweierlei Pizza

Nach Lust und Laune belegt!

1 Für den Vorteig die zerbröselte Hefe mit dem Salz und 300 ml lauwarmem Wasser vermischen. Den Vorteig 15 Minuten zugedeckt an einem warmen Ort (max. 35 °C) gehen lassen. Mehl und 325 ml lauwarmes Wasser mit dem Vorteig mischen. Mit der Küchenmaschine zu einem geschmeidigen Teig kneten. Mit einem Tuch abdecken und 20 Minuten an einen warmen Ort nochmals gehen lassen.

2 Den Hefeteig auf einer bemehlten Arbeitsfläche ausrollen und auf ein Backblech legen. Den Backofen auf 180 °C vorheizen.

3 Für die Mozzarella-Pizza den Teig mit den pürierten Tomaten bestreichen und mit den halbierten Kirschtomaten belegen. Auf mittlerer Schiene etwa 20 Minuten backen. Nach dem Backen mit klein gerupftem Mozzarella und Basilikumblättchen belegen.

4 Für die Schinken-Rucola-Pizza den Teig mit den pürierten Tomaten bestreichen sowie mit den halbierten Kirschtomaten und dem Schinken belegen. Auf mittlerer Schiene etwa 20 Minuten backen. Nach dem Backen mit Rucola belegen.

Zutaten

Für den Teig (für 2 Pizzen)
¼ Würfel frische Hefe (10 g)
40 g Salz
1 kg Mehl (Type 405 oder 00)

Für die Mozzarella-Pizza
4 EL pürierte Tomaten
100 g Kirschtomaten
2 Kugeln Mozzarella
½ Bund Basilikum

Für die Schinken-Rucola-Pizza
4 EL pürierte Tomaten
100 g Kirschtomaten
100 g Schinken (z. B. San Daniele)
½ Bund Rucola

Pizzablech, gefettet

Mein Tipp: Den Teig können Sie schon einige Tage im Voraus zubereiten. Er wird Tag für Tag besser. Belegen Sie die Pizza nach Lust und Laune. Bei uns im Moarwirt schauen wir, was der Kühlschrank »hergibt«.

Burger Buns

Pur oder belegt!

Zutaten

1 Würfel frische Hefe (42 g)
2 TL Zucker
150 ml lauwarme Milch
550 g Mehl (Type 550)
250 g Quark (40 % Fett i. Tr.)
1 Ei
1 TL Salz
1 Msp. Chilipulver
1 Msp. Grillgewürz

Backblech, mit Backpapier belegt

1 Für den Vorteig die zerbröselte Hefe mit zwei Teelöffeln Zucker und der lauwarmen Milch (etwa 28 °C) vermischen. Den Vorteig etwa 15 Minuten zugedeckt an einem warmen Ort (bei max. 35 °C) aufgehen lassen.

2 Mehl, restlichen Zucker, Quark, Ei, Salz und Gewürze mit dem Vorteig mischen. Mit der Küchenmaschine zu einem geschmeidigen Teig kneten. Den Hefeteig mit einem Tuch abdecken und nochmals 60 Minuten an einem warmen Ort gehen lassen.

3 Kleine Semmel abdrehen und nochmals gehen lassen. Den Ofen auf 160 bis 180°C vorheizen und die Semmeln etwa 20 Minuten backen. Nach Belieben belegen.

Mein Tipp: Der Megatrend momentan – »Burger-Buden« an jeder Ecke. Aber nichts geht über selbst gemachte Brötchen! Sollten Ihnen die Brote zu »hefig« sein, dann verwenden Sie einfach nur die Hälfte der Hefe – der Rest des Rezepts bleibt gleich.

Rezeptverzeichnis

Ein ganz besonders herzlicher Dank geht an Tanja Timme, die – wie schon bei den vorangegangenen Büchern – großen Anteil am Gelingen dieses Backbuches gehabt hat und ohne die es dieses Buch nicht geben würde.

Wir danken den nachfolgend aufgeführten Firmen für die Unterstützung beim Fotoshooting:

Über den Autor

Florian Lechner ist 1973 in München geboren und aufgewachsen. Die Wochenenden hat er meist bei den Großeltern auf dem Hof im Chiemgau verbracht. Schon im Alter von 10 Jahren hat er sich das erste Kochbuch gekauft und mit 13 Jahren in einem Restaurant gespült. Konsequenterweise folgten dann natürlich eine Kochlehre und viele Stationen in allen Bereichen der Gastronomie. Seit 2001/2002 selbstständig als Pächter und Chefkoch des »Moarwirt« in Hechenberg. Er liebt das Bodenständige und das bestmögliche Produkt. Daher ist ein enger Kontakt zu Lieferanten und Produzenten unerlässlich. Sein größter Wunsch: das bestmögliche Wirtshaus im Herzen von München zu führen.

Über den Fotografen

Peter Raider kam über Umwege zur Fotografie. Beim Klettern in den Alpen lernte er einen bekannten Schweizer Fotografen kennen, der ihn umgehend als Assistenten anheuerte.
Seit 1994 als selbstständiger Fotograf arbeitend, fokussierte Peter Raider sein Augenmerk zunächst auf Mode und People, bevor er seine Liebe für Stillife-Fotografie entdeckte, hauptsächlich im Bereich Food, Wohnen & Deko, Gesundheit sowie Flowers & Garden. Peter Raider arbeitet für diverse Zeitschriften dieser Genres. In Zusammenarbeit mit bekannten Köchen entstanden in den letzten Jahren diverse Buchprojekte im Bereich Food. Mit viel Liebe zum Detail – aber ohne die Gesamtkomposition zu vernachlässigen – ist Peter Raiders Stil von Lebendigkeit und Natürlichkeit geprägt, von erfrischender Direktheit und ohne Allüren.

Impressum

Bibliografische Information der Deutschen Nationalbibliothek
Die Deutsche Nationalbibliothek verzeichnet diese Publikation in der Deutschen Nationalbibliografie; detaillierte bibliografische Daten sind im Internet über http://dnb.d-nb.de abrufbar.

BLV Buchverlag
GmbH & Co. KG

80797 München

© 2015 BLV Buchverlag GmbH & Co. KG, München

 www.facebook.com/blv.verlag

Bildnachweis
Alle Fotos: Peter Raider,
außer Seite 191 unten: Gundi Patscheider
Styling: Monika Noderer

Foodstyling: Florian Lechner, Tanja Timme

Ornament: redkoala – fotolia.com

Umschlagfotos:
Vorderseite: Stockfood/Martina Urban
Rückseite: Peter Raider

Lektorat: Sarah Weiß
Herstellung: Angelika Tröger
Layoutkonzept Innenteil: griesbeckdesign,
Dorothee Griesbeck, München
DTP: griesbeckdesign, Dorothee Griesbeck, München

Gedruckt auf chlorfrei gebleichtem Papier

Printed in Germany
ISBN 978-3-8354-1313-9

Hinweis
Das vorliegende Buch wurde sorgfältig erarbeitet. Dennoch erfolgen alle Angaben ohne Gewähr. Weder Autor noch Verlag können für eventuelle Nachteile oder Schäden, die aus den im Buch vorgestellten Informationen resultieren, eine Haftung übernehmen.

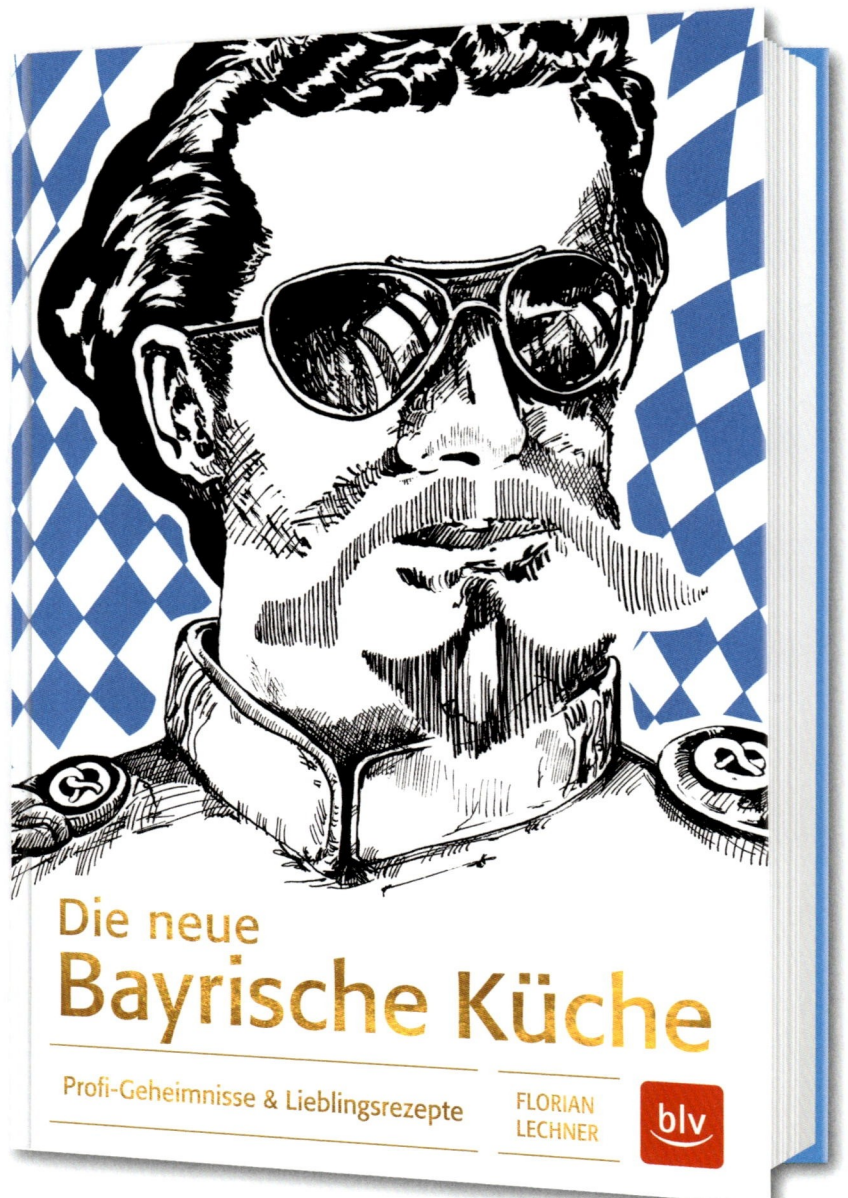